擒住龙头

龙头股投资分析
与实战技法

刘文杰◎编著

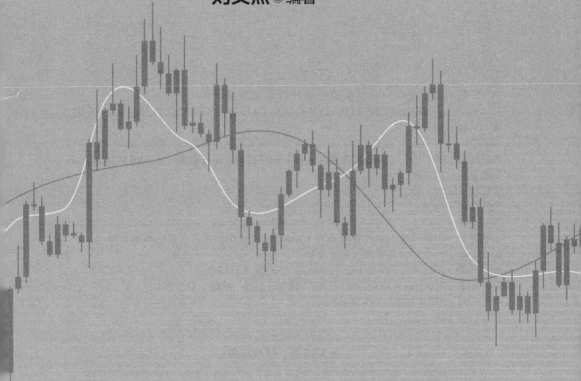

中国铁道出版社有限公司

CHINA RAILWAY PUBLISHING HOUSE CO., LTD.

图书在版编目（CIP）数据

擒住龙头：龙头股投资分析与实战技法/刘文杰编著.—北京：
中国铁道出版社有限公司，2023.12
ISBN 978-7-113-30486-7

Ⅰ.①擒… Ⅱ.①刘… Ⅲ.①股票投资-研究 Ⅳ.①F830.91

中国国家版本馆CIP数据核字（2023）第155795号

书　　名：**擒住龙头——龙头股投资分析与实战技法**
　　　　　QINZHU LONGTOU：LONGTOU GU TOUZI FENXI YU SHIZHAN JIFA
作　　者：刘文杰

责任编辑：杨　旭　　　编辑部电话：（010）63583183　　电子邮箱：823401342@qq.com
封面设计：宿　萌
责任校对：刘　畅
责任印制：赵星辰

出版发行：中国铁道出版社有限公司（100054，北京市西城区右安门西街 8 号）
印　　刷：河北宝昌佳彩印刷有限公司
版　　次：2023 年 12 月第 1 版　　2023 年 12 月第 1 次印刷
开　　本：710 mm×1 000 mm　1/16　印张：11.5　字数：165 千
书　　号：ISBN 978-7-113-30486-7
定　　价：69.00 元

前言

如何在股市中尽可能地增加收益，是投资者始终都在追求的目标。除了自身操作技术足够熟练及心理素质过硬以外，一个优质的投资对象更能决定投资者获利空间的大小。

实力强劲的优质投资对象，莫过于各行各业的领跑公司发行的股票。它们位居行业前沿，占据着顶端优势，行业中的大部分资源都向它们倾斜，逐渐成就了一批或根基稳固，或竞争力强劲的龙头企业。这些龙头企业发行上市的股票，就被称为龙头股。

龙头股不同于普通股票，它们的背后大多有上市公司的优秀业绩、强大的竞争力及广阔的发展前景等基本面因素支撑，这使得龙头股的内在价值较高，股价自然会随之水涨船高，连年攀升。

尽管并不是所有的龙头股都能长年走牛，但投资者只要关注股市一段时间就会发现，各行各业的领涨股、连年上涨的白马股、爆发式增长的黑马股等，其背后的上市公司基本都是行业中的佼佼者，这些牛股也大多属于龙头股。

因此，选择龙头股进行投资，无疑是投资者最优的选择。但要挖掘出基本面优秀、技术面也能长期走牛的龙头股，却是一个不小的难题。为帮助投资者更早、更快地擒住"龙头"，笔者从基本面分析龙头公司入手，逐步推进至技术面操盘技巧，编写了这本专注于挖掘龙头股的炒股工具书。

全书共五章，可分为三部分：

◆ 第一部分为第 1 ～ 2 章，从基本面方向入手，分析不同类型龙头股的特征及表现，帮助投资者初步认知龙头股。同时详解如何从基本面信息中挖掘出优质的龙头股，也为投资者提示了投资龙头股的风险。

◆ 第二部分为第 3 章，介绍了投资者在参与龙头股的过程中需要掌握的一些控仓技巧，包括建仓技巧、加仓技巧、止盈技巧及止损技巧，帮助投资者合理管理投资资金。

◆ 第三部分为第 4 ～ 5 章，介绍了一些常见的技术面分析和操盘手法，包括如何从各类技术形态中分辨出龙头股的起涨点，以及如何确定龙头股的涨跌趋势等。

本书从龙头股的概念和类型讲起，逐步深入到基本面分析上市公司的方法，再过渡到技术面操盘的技巧，内容由浅入深、循序渐进。同时，为方便投资者理解，书中还穿插了大量涉及众多龙头上市公司的实战案例。在实际操作与理论结合下，相信投资者学习起来会更轻松。

最后，希望所有读者通过对书中知识的学习，提升自己的炒股技能，收获更多的投资收益。但任何投资都有风险，也希望广大投资者在入市和操作过程中谨慎从事，从而降低投资风险。

编 者

2023 年 8 月

目录

第2章　挖掘龙头股：寻找优质龙头

第 5 章　趋势定龙身：分析行情走向

第1章

初识龙头股：龙头特征与类型

　　龙头股就是在一个领域或一定范围内起引领作用，对同行业板块的其他股票具有影响力和号召力的股票，其一般都是强势股或是长期向好的绩优股。因此，在这类股票中操盘，投资者的成功率会相对高一些，但也不是绝对的，投资者依旧要注重投资风险，根据实际情况进行分析，本书内容仅从知识角度为投资者提供指导。

1.1 龙头股的几种特征和表现

龙头股的涨跌往往能够对其他同行业板块股票的涨跌起引导和示范作用，但市面上却基本没有确切的龙头股评判标准，毕竟不同行业、不同题材、不同板块甚至不同地域范围内，上市公司的发展侧重点可能大不相同，人们很难以一个统一的标准来筛选龙头股。

不过，大部分的龙头股之所以可以引领涨跌甚至影响行业走向，是因为其背后的上市公司的强大和优秀，其中最核心的要点就是行业竞争力。只有上市公司具有足够的竞争力，才能在广阔的市场中脱颖而出，这是成为龙头股的必要条件之一。

能够体现上市公司行业竞争力的方面其实很多，比如产品或服务的发展潜力、市场口碑、产品的市场占有率、核心技术竞争力、利润率水平、运营团队可靠性及流通市值等。若上市公司能够在某一方面或某几个方面做到极致，或者达到行业领先水平，那么该公司发行的股票就有成为龙头股的潜力。反而推之，大多数龙头股也会拥有这种竞争优势。

下面就从几个常见的核心竞争力入手，向投资者展示要成为行业龙头乃至龙头股，上市公司需要具备的一些条件和优势。

1.1.1 产品市场占有率高

市场占有率简称市占率，又称市场份额，是指在某一段时间内，企业在目标市场中销售商品或提供劳务的数量在交易总额中所占的比例。这一概念看似复杂，其实很好理解，无非就是分蛋糕，谁的盘子大，分到的蛋糕就多。

由此也可以看出，在市场大小不变的情况下，市场占有率越高的公司，其在目标市场中的商品或提供的劳务数量越大，同时也意味着竞争对手所能占据的空间越小。

在一个适当界定的目标市场中，产量最多的制造者，即市场占有率高的企业所能享受到的低成本、高利润及其他益处，明显要优于其他竞争者。

因此，市场占有率成了判断企业竞争水平的一个重要因素，也是反映企业在目标市场中地位的首要指标。人们若想寻找龙头股，从企业的产品或服务的市场占有率入手是一个不错的选择。

不过，要测算某产品或服务在某一范围的市场占有率可不是一件简单的事。因为市场并不是一成不变的，每一天甚至每一个小时都有企业在兴盛和衰亡中更替，难以稳定，更何况一个市场也并没有明确的界定范围。

因此，除了常规的总体市场测算法（企业的销售量（额）在整个行业中所占的比重）和目标市场测算法（企业的销售量（额）在它所服务的目标市场中所占的比重）以外，人们还选择了以下一些迂回的办法来测算上市公司的市场占有率。

三大竞争者测算法。该方法是指一个企业的销售量（额）和市场上最大的三个竞争者的销售总量（总额）之比。

最大竞争者测算法。该方法是指一个企业的销售量（额）与市场上最大竞争者的销售量（额）之比。若高于100%，表明该企业是这一市场的龙头。

综上所述，如果上市公司的市场占有率高，或者在不断扩张中，那么该公司的股票可能已经成为板块中的龙头股，或者具有很大可能成为龙头股的潜力，投资者选择该股进行操作，获益的可能性就高。

下面来看一个具体的案例。

实例分析

中国重汽（000951）：市占率持续增长的高景气重卡集团

中国重汽主要组织研发、生产销售各种载重汽车、特种汽车、专用汽车及发动机、变速箱、车桥等总成和汽车零部件，是我国重卡行业驱动形式和功率覆盖最全的重卡企业，也是重卡整车制造行业龙头。

在 2020 年，中国重汽集团重卡销量达 29.4 万辆，同比增长 54%，全年市占率达 18.1%，同比增长 1.9%，稳居行业第三。在 2020 年第四季度，中国重汽集团重卡单季度市占率达到 26.1%，同比增长 7.7%，市占率已经连续三个月位居行业第一。

可以推断，中国重汽集团在重卡这一产品线上正不断提升效益，市占率也在逐步提升。随着公司降本增效的推进、产品谱系的完善及牵引车产品的发力，公司综合竞争力将会得到进一步增强，行业龙头的地位也将得到进一步稳固。

由此可见，中国重汽的股票很可能是行业龙头股之一，投资者若能认清其地位，选择该股进行买卖操作，成功率可能会高不少。

图 1-1 为中国重汽 2020 年 1 月至 2021 年 1 月的 K 线图。

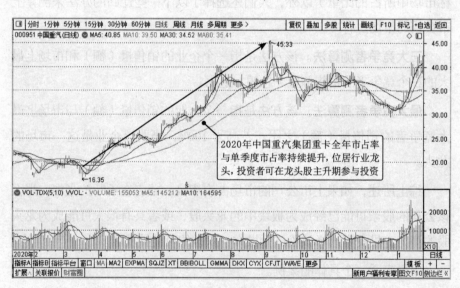

图1-1　中国重汽 2020 年 1 月至 2021 年 1 月的 K 线图

从图 1-1 中可以看到，中国重汽的股价在 2020 年的大部分时间内都呈现出稳定的上涨，与其重卡市占率的提升相辅相成，也从侧面体现出了中国重汽集团的高竞争力水平。那么投资者就可以在中国重汽市占率持续提升的这一年入场买卖，赚取收益。

1.1.2 具有品牌优势

品牌是一个相当抽象的概念，不同的学者对其定义也各不相同。

从价值意义上来看，品牌的本质是品牌拥有者的产品、服务或其他优于竞争对手的优势，能为目标受众带去同等或高于竞争对手的价值。

从实际意义上来看，品牌指公司的名称、产品或服务的商标，和其他有别于竞争对手的标示、广告等构成公司独特市场形象的无形资产。

从消费者角度来看，品牌是人们对一个企业及其产品、售后服务、文化价值的一种评价和认知。

而品牌的优势，就是企业在品牌运营的过程中积累的一切有利于品牌发展的物质和精神的整体表现。简单来说，企业所具有的品牌优势，让企业的"品牌"变成了"名牌"。

具有品牌优势的企业，消费者忠诚度和认可程度将远超其他普通竞争者，相信大多数投资者都深有体会。

举个简单的例子，说到手机、平板等移动电子通信设备制造商，投资者首先想到的品牌是什么？是不是华为、小米、三星或苹果等一些知名度较高的品牌？应该很少有投资者会想到相对小众的品牌，对于某些小众品牌可能都没有听说过，更别说建立信任进而购买产品了。

由此可见，品牌优势一旦建立，为企业带来的不仅是消费者的信任和优先选择，随之而来的还有巨大的市场份额、优势的竞争地位、强大的品牌亲和力、广阔的市场及高额的利润。将这些优势进行整合和消化，一个行业龙头可能就此诞生。

因此，一个企业是否具有品牌优势，也是衡量其是否能够成为行业龙头，其股票是否能够引领板块涨跌的因素之一。

下面来看一个具体的案例。

实例分析

五粮液（000858）：品牌优势尽显，长期投资回报高

五粮液是一家以酒业为核心，涉及智能制造、食品包装、现代物流、金融投资和健康产业等领域的特大型国有企业集团。其主打产品五粮液酒历史悠久，文化底蕴深厚，品牌价值也在逐年攀升，名列"Brand Finance 2022 全球品牌价值 500 强"（Brand Finance 为第三方品牌价值评估和咨询机构）、2022 年"全球最具价值烈酒品牌 50 强"和 2022 年"中国 500 最具价值品牌"。

1998 年，五粮液股份公司在深圳证券交易所挂牌上市，经历多年来的市场变革，依旧坚挺在行业前沿。公司渠道实力完善，消费者基础好，在市场冲击下品牌优势凸显，核心单品动销顺畅，公司价值在稳步增长。

早在 2020 年，五粮液股份公司就被评定为农业产业化国家重点龙头企业。放眼整个白酒行业，五粮液股份公司都是极为耀眼的存在，其股票投资价值远超其他普通酒企。

图 1-2 为五粮液 2014 年 2 月至 2023 年 1 月的 K 线图。

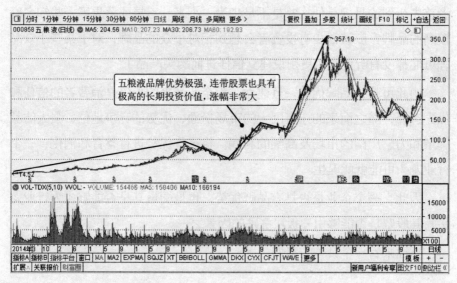

图1-2　五粮液 2014 年 2 月到 2023 年 1 月的 K 线图

从图 1-2 所展示的周期内可以看出，五粮液的股价实现了爆发式的增长，从 2014 年 15.00 元左右的价格，一路上涨至 2021 年的最高价 357.19 元，涨了二十多倍。

单从该股的技术面来看，五粮液的龙头地位已经很明显了，再加上基本面长期向好，该股的长期投资回报将高于其他普通竞争者，投资者愿意买入跟进，就可实现水涨船高的良性循环。

1.1.3 拥有垄断技术

技术垄断是指企业在某件产品或某类产品上拥有关键技术，通过申请关键技术拥有权将其竞争对手排挤出局，从而得到生产此类产品的垄断权。注意，这种垄断属于合法垄断，其权利受到国家法律的界定与保护，非法垄断等恶性竞争方式则另当别论。

技术垄断从本质上来说，是以技术优势作为抑制同业竞争的武器，以及阻止潜在竞争者进入行业的障碍，也就是树立起技术壁垒。

通过技术垄断，可以保证企业在市场中占据有利地位，同时由于同类竞品极少，它能够给企业带来巨大的经济效益。而且争取技术垄断、谋求高额利润也是企业不断地进行技术创新研发、追求技术领先地位的一个重要驱动力。

再者，能够研究出垄断技术的企业，最基础的行业地位及竞争优势等方面就已经实现了领先，再加上技术垄断带来的红利，使得该企业很可能处于龙头位置。尤其是当企业的垄断技术受到国家层面的严格保护，如军工制造技术、医药研制等，其龙头地位将更加不可撼动。

下面来看一个具体的案例。

实例分析

航发控制（000738）：国家级航空发动机控制系统垄断性企业

中国航发动力控制股份有限公司是国家定点的专业从事航空发动机及燃

气轮机控制系统研制生产的核心企业。公司产品以两机（航空发动机和燃气轮机）控制系统产品为主，参与国内所有在研在役航发型号，其他产品包括国际合作转包、非航衍生产品。

航发控制在控制系统关键子系统及燃油控制等机械液压执行机构方面处于垄断地位，是我国航空发动机控制系统垄断性企业，也是该细分领域的龙头企业。

由于我国航空发动机产业技术壁垒极高，研制周期较长，已经成功越过壁垒进入航发供应体系的企业面临的竞争威胁很小。因此，航发控制的龙头地位将十分稳固，其股票也具有较高的投资价值。

图 1-3 为航发控制 2020 年 1 月到 2022 年 11 月的 K 线图。

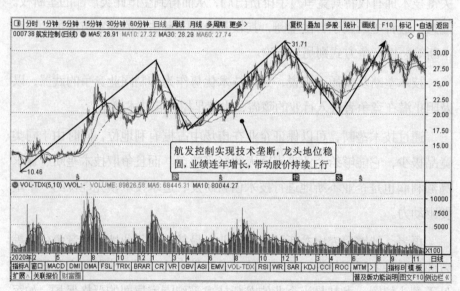

图1-3　航发控制 2020 年 1 月到 2022 年 11 月的 K 线图

从图 1-3 中可以看到，航发控制的股价整体上呈现出了上涨状态，尽管其间有过许多次深度回调，但股价的低点在不断上移，这一点与航发控制的龙头地位和业绩表现不可分割。

2020 年，公司实现营收 34.99 亿元，同比增长 13.14%，归母公司净利润 3.68 亿元，同比增长 30.68%；2021 年，公司实现营收 41.57 亿元，同比增长

18.25%，归母公司净利润 4.88 亿元，同比增长 30.67%；2022 年前三个季度，公司实现营收 37.52 亿元，同比增长 23.49%，归母公司净利润 5.42 亿元，同比增长 36.38%。

由此可见，垄断技术为航发控制带来的优秀业绩正连年增长，龙头地位逐年稳固，股票的长期投资价值较高。

1.1.4　总市值排名靠前

个股的总市值是指在某特定时间内，由总股本数乘以当时的股价得出的股票总价值。其中，总股本包含了流通股、限售股和未流通股等。

由于个股的股价一直处于变动之中，因此个股的总市值也是浮动变化的。只有当总股本相对稳定且没有新股发售或是股票回购等情况发生，总市值才会基本保持不变。

一般来说，总市值较大，在行业或板块中排名靠前的个股都被称为大盘股。总市值能够占据行业前三的大盘股，大概率都是该行业的龙头，因为上市公司的市值不仅代表了其经营规模和发展状况，也代表了公司现阶段的实力和未来发展的潜力。

上市公司的股票总市值高，首先，意味着公司持续融资的能力强，可以在持续的股票交易中融入更多的资金来投入产品的研发和生产。其次，高市值还能使上市公司在各项权威排名当中名列前茅，进而提升企业品牌的口碑和美誉度。最后，高市值可以有效帮助上市公司更好、更快地实现企业间的并购，通过并购，让上市公司获得快速发展的机会和空间。

由此可见，上市公司股票总市值的高低及排名，对其是否占据龙头地位，以及是否能被称为龙头股还是有较大的参考作用。通过某行业或板块中成分股的总市值排名抓龙头，也是一种比较直观的选股方法，但投资者也要注意上市公司的业绩情况，避免遇到正在被替代的弱势龙头。

下面来看一个具体的案例。

实例分析

比亚迪（002594）：中国首个破万亿市值的国产汽车公司

比亚迪是同时掌握车规级 IGBT 芯片、汽车三电核心技术、太阳能和储能解决方案的整车企业，也是汽车整车细分行业、新能源汽车自主产业的龙头之一，公司业务布局涵盖电子、汽车、新能源和轨道交通等领域。

截至 2023 年 3 月 3 日，比亚迪总股本为 29.11 亿股，总市值为 7 588.77 亿元，名列汽车整车细分行业首位。在其总股本中，实际流通股份为 22.63 亿股，流通受限股份为 6.48 亿股，流通市值占比较大，个股属于大盘股。

在 2022 年 6 月 7 日，公司以折合 8 626.00 亿元人民币的总市值跻身全球第三位。2022 年 6 月 10 日，比亚迪 A 股市值首次破万亿，股价创历史新高后仍在上涨，成为中国首个 A 股市值破万亿的汽车自主品牌，引领国产汽车品牌跻身国际市场，成为当之无愧的国产汽车行业龙头企业。

下面再来看近三年来比亚迪的业绩表现。

2020 年，公司实现营收 1 565.98 亿元，同比增长 22.6%，归母公司净利润 42.34 亿元，同比增长 162.3%。

2021 年，公司实现营收 2 161.42 亿元，同比增长 38%，归母公司净利润 30.45 亿元，同比下滑 28%。

2022 年前三个季度，公司实现营收 2 676.88 亿元，同比增长 84.37%，归母公司净利润 93.11 亿元，同比增长 281.13%。单是在第三季度，公司就实现营收 1 170.81 亿元，同比增长 115.59%，归母公司净利润 57.16 亿元，同比增长 350.26%，汽车板块盈利大幅提升。

由此可见，比亚迪无论是在总市值排名上还是在业绩表现上，都相当亮眼，行业龙头地位非常稳固，那么其股票的投资价值自然水涨船高。

图 1-4 为比亚迪 2020 年 6 月至 2022 年 6 月的 K 线图。

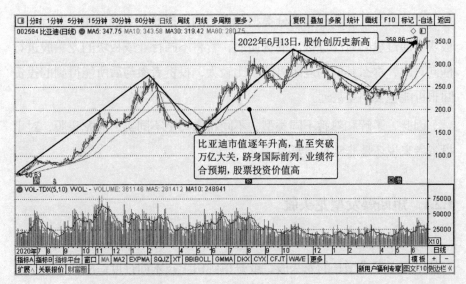

图1-4　比亚迪 2020 年 6 月至 2022 年 6 月的 K 线图

从图 1-4 中可以看到，比亚迪在 2020 年第二季度到 2022 年第二季度，股价呈现出了波段式的稳步上升，从中也能看出一定的汽车销售周期性。

在 2022 年 6 月 13 日，该股创出了 358.86 元的历史新高，而在前一日比亚迪就已经成功突破了万亿的市值大关。尽管后续价格未能再继续上升，但比亚迪股票的强势表现已经深入人心，因此长期投资价值还是比较高的。

1.2　不同类型的龙头股

龙头股没有统一的评判标准，有些强势龙头股可能在各方面都表现抢眼。比如前面介绍过的比亚迪，不仅股票市值高，公司的产品市场占有率也极大，并且还具有相当优秀的品牌优势和行业地位，唯独在垄断技术方面稍显欠缺，但这并不影响比亚迪的龙头地位。

而有些弱势龙头，可能仅在某一方面表现突出，或是在某一方面劣势太大，导致个股价格并不能像比亚迪那样连年上涨，自身也处于龙头股交替轮换的分界线上，龙头地位岌岌可危。

由此可见，龙头股也是分类型和实力的，毕竟龙头股是在一个行业或板块中通过纵向对比选拔出的优质股，若将不同行业或板块的龙头股进行横向对比，那么其间的差距可能就比较大，投资者参与后所能得到的投资回报可能也会相差甚远。

因此，了解和熟悉不同类型、不同特点乃至不同实力的龙头股，对于投资者来说还是非常有必要的。

1.2.1 短期爆发型龙头股

短期爆发型龙头股一般是在受到某些突发利好消息刺激下，短时间内突然出现爆发式增长的龙头股，或是单纯由于技术面过度追涨而急速上涨的龙头股，抑或二者皆有。当然，前提是可以确定该上市公司处于行业龙头位置，否则这种爆发式增长内含的风险会非常大。

这种爆发式的增长一般不会持续太久，但如果利好消息足够积极，或是技术面推涨方足够强势，那么这一波上涨幅度可能会覆盖前面数年的增长幅度。

对于投资者来说，这当然是一次非常好的获益机会，但一定要注意结合个股前期的状态来分析。如果该龙头股前期走势本来就向好，长年处于上升状态，那么这一波短期爆发只能算是锦上添花，该股依旧属于长期利好型龙头股。但是，如果该龙头股前期走势冷淡，甚至常年下跌，那么个股突然形成的短期爆发就可能是厚积薄发的表现，但也可能只是昙花一现。

因此，投资者若在前期走势冷淡的龙头股中发现短期爆发的趋势，就可以趁机入场持股待涨，待到爆发势头停滞就可以迅速抛盘兑利。至于后市该龙头股是否能够彻底翻身走牛，还需进一步观察，此时投资者最好退离到场外，避免被卷入下跌的洪流之中。

下面来看一个具体案例。

实例分析

嘉诚国际（603535）：股价短期爆发的跨境电商物流龙头

嘉诚国际是全程供应链一体化管理的第三方综合物流服务商，为电子商务企业提供个性化的全球物流解决方案及一体化的全程物流服务，包括综合物流、电商物流、商品销售、代理采购、代加工和国际贸易。

嘉诚国际在中国跨境电商最为发达的广州拥有稀缺资源，在南沙区域内还在扩大产能面积。广州是全国跨境电商第一城，占全国交易额比重约1/5，广州南沙则为重点区域，占据广州八成左右的进口交易比重。嘉诚国际能在南沙区域实现产能持续扩大化，并加强与跨境电商平台之间的合作，已经充分证明了其龙头地位。

2020年8月4日，嘉诚国际首次公开发布发行限售股上市流通公告，称在2020年8月10日将首次公开发行限售股，涉及四名股东所持有的股份，流通数量为84 320 000股，占公司总股本56.06%。

理论上，限售股解禁上市对于股价的影响是多面性的。一方面，股东拥有了锁定期结束后随时卖出股票的权利，一旦大批抛售，对股价的打击无疑是巨大的；另一方面，若股东继续持有甚至增持，那么就有将价格继续推涨向上的需求，这对于股价又是利好的。因此，限售股解禁后股价的变动实际上很难预料，但投资者可以对公司公告保持关注，看是否有其他消息公布。

2020年8月14日，公司控股股东、实际控制人作出承诺，基于对公司未来发展前景充满信心并认可公司的投资价值，暂不减持公司股票，公司已发布广州市嘉诚国际物流股份有限公司《关于实际控制人自愿延长已解禁限售股锁定期》的公告，充分表明了股东的态度。

再加上嘉诚国际于2020年8月8日发布公告称公司于2020年8月5日与深圳市递四方速递有限公司签订《分包合作协议》。该协议的签订，对公司当期业绩产生了一定的积极影响，可以增加公司营业收入，增厚公司当期利润，巩固公司的龙头地位。

在限售股解禁后，股东的表态及公司发展前景的向好和当期利润的增长等一系列利好消息冲击下，嘉诚国际的股价在短时间内出现了爆发式的增长。

图1-5为嘉诚国际2019年4月至2021年5月的K线图。

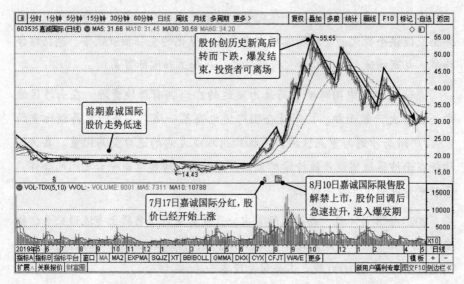

图1-5 嘉诚国际2019年4月至2021年5月的K线图

从图1-5中可以看到，嘉诚国际在2020年6月底之前，股价的走势都算是比较平淡的，只是到了2020年7月才出现了一定程度的回升。7月17日，嘉诚国际进行了一次派息（投资者可理解为分红）后，股价涨势更快，很快便突破了2019年4月的高点，该股积极向好的趋势开始展现出来。

8月10日，限售股解禁上市后，该股先是出现了一次幅度较深的回调，但数日后就形成了巨幅拉升，甚至在2020年8月18日、19日、20日连续三个交易日收盘价格涨幅偏离值累计超过20%，根据《上海证券交易所交易规则》的有关规定，已经属于股票交易异常波动。

不过，嘉诚国际很快给出了回复，称公司目前经营情况正常，经营环境没有发生重大变化，公司控股股东及实际控制人不存在影响公司股票交易异常波动的重大事项，不存在其他应披露而未披露的重大信息。

由此可见，这一波剧烈的上涨很可能就是市场借机大肆抬升股价造成的，该股后市即将迎来爆发期，投资者可抓住时机建仓入场。

不过很可惜，嘉诚国际在一路冲到 55.55 元后就转而下跌了，并且后续也没有继续走牛的趋势，此时投资者没有必要继续持股。但 55.55 元的价格已经创了该股的历史新高，投资者在这只短期爆发型龙头股中获得的短期收益已经非常可观，不输其他类型的龙头股。

1.2.2　周期轮转型龙头股

周期轮转型龙头股指的是股价呈现出周期性涨跌的龙头股，其价格与公司的业绩或其他因素密切相关。龙头股是否属于周期轮转型，与其所在的行业或板块，以及公司的性质有很大联系。

有些行业本就属于强周期性行业，其中的龙头股就可能会出现股价周期性涨跌的情况。比如有色金属行业中的公司，就可能会受到宏观经济周期轮转、金属价格变动、货币政策周期及大宗商品流动性等因素影响，导致公司业绩和股价出现起伏。

不过，这种大宗商品类强周期性行业的周期轮转一般是数年一次，时间跨度较大，对于非长线投资者来说其实也就起到一个预测趋势的作用。但有些公司和其行业的特殊性质，就决定了其股价在一年的不同季度内会出现周期性起伏。

举个典型的例子，旅游业、酒店餐饮业、航空业和交通运输业等行业，其业绩在很大程度上会受到旅游旺季和淡季的影响，尤其是旅游业和酒店餐饮业。那么这些行业所对应的公司股价就很可能因为业绩的高低起伏而产生波动，诞生出周期轮转型龙头股。

在这种周期轮转型龙头股中操作，投资者要确定的就是个股轮转的时间跨度，这一点可以从个股前期的走势中分析出来。

在确定轮转的大致时间后，投资者就可以根据当年或当季该公司的业绩情况或其他相关因素，来推断个股起涨和下跌的位置，从而确定买卖点。

注意，尽管周期轮转型龙头股的涨跌规律性比较强，但这并不意味着到了某一节点个股就一定要涨或跌。因为周期轮转并不是定律，涨跌规律被突然打破的情况数不胜数，这一点就算是专业的分析师也很难精准地提前预知。

因此，投资者最好不要妄想买在最底部，而是待到行情趋势彻底完成转变再操作也不迟。

下面来看一个具体的案例。

实例分析

洛阳钼业（603993）：三年一轮转的钼钨行业龙头

洛阳钼业属于有色金属矿采选业，主要从事基本金属和稀有金属的采、选、冶等矿山采掘、加工业务和矿产贸易业务，是全球领先的钨、钴、铌、钼生产商和重要的铜生产商。截至2021年，公司基本金属贸易业务位居全球前三，位居2021全球矿业公司40强（市值）排行榜第15位，是中国有色金属矿采选业和钼钨细分行业的龙头之一。

作为强周期行业中的龙头公司，洛阳钼业常年受制于行业景气度的波动、金属矿产能高低、相关有色金属价格涨跌及与下游企业供需关系变化等因素的限制，导致公司业绩呈周期性涨跌，股价也无法像其他冉冉上升的龙头公司一般稳定增长，投资者从洛阳钼业近几年每个季度的归母净利润的变化中就可以很明显地看出。

图1-6为洛阳钼业2017年第三季度至2022年第三季度的归母净利润。

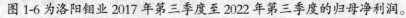

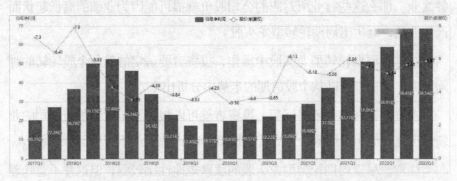

图1-6　洛阳钼业2017年第三季度至2022年第三季度的归母净利润

在柱状图上叠加的折线图是洛阳钼业对应每个季度的股价，从图 1-6 中可以发现，尽管洛阳钼业的股价和归母净利润的顶峰基本是错开的，但这并不影响投资者看出其涨跌规律性和二者的相关性。洛阳钼业其实就是一个典型的周期轮转型龙头股，K 线图中股价的涨跌更能证实这一点。

图 1-7 为洛阳钼业 2012 年至 2023 年的部分 K 线图。

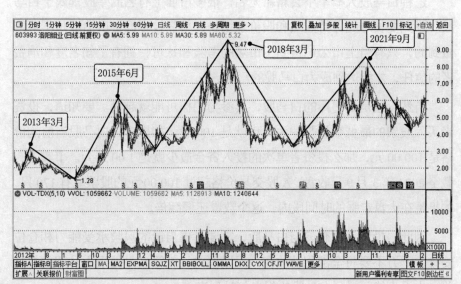

图 1-7　洛阳钼业 2012 年至 2023 年的部分 K 线图

在 K 线图中，洛阳钼业大概三年一轮转的价格走势更加明显了，对于长线投资者来说，这种规律性的涨跌是很有参考价值的。

不过投资者在其中操作时依旧要保持谨慎，毕竟洛阳钼业不像其他强势龙头股那样能够连年上涨，一旦投资者判断失误被套，又不愿意出局，那么就可能要等待三年乃至更长时间，才能遇到好的时机解套。

1.2.3　长期利好型白马龙头股

长期利好型白马龙头股不仅是最受投资者欢迎的龙头股类型之一，还是市面上知名度最高的一类龙头股。这类龙头股背后的公司往往业绩表现优秀，市场竞争力强劲，市值也随着股价的增长而连年攀升，属于长期投资型白马股。

长期利好型白马龙头股的业绩一般不会像周期轮转型龙头股一般起起伏伏，单季度利润呈弧线向上拉升是常态。此外，白马股的股价也应当与利润一同上升，长时间维持在上升趋势之中，很少受外界的干扰和冲击。

这种白马股大概率不会籍籍无名，很多市面上有名的牛股都属于白马股。毕竟要长时间保持业绩和股价双增长，单靠技术面过度追涨是不可能做到的，只有当上市公司得到了市场的考验和认可，拥有了知名度和消费者的信任，才能达到成为白马股的门槛。

当然，越是受追捧的白马股，其参与门槛可能就越高。要知道，投资者买入股票的最低数量是一手，也就是 100 股，如果一只白马股当前的价格是 100.00 元，那么投资者单次的投入资金最少就是 1.00 万元。事实上，截至 2023 年 3 月 9 日收盘，A 股交易价格超过 100.00 元的股票就有 170 只，如果是在大盘走强的时间段内，这个数量还要翻倍。

因此，投资者要想参与白马股，需要考虑自己的风险承受能力和仓位安排，千万不要将全部积蓄放在一只股票内，就算它是处于上升期的白马股，也没人能预料到白马股的拐点何时到来。

下面来看一个具体的案例。

实例分析

贵州茅台（600519）：A 股市值最高的酒业绩优龙头

贵州茅台酒股份有限公司是中国贵州茅台酒厂（集团）有限责任公司旗下的核心子公司，主营贵州茅台酒系列产品的生产和销售，同时进行饮料、食品、包装材料的生产和销售，防伪技术开发及信息产业相关产品的研制开发，涉足产业包括白酒、保健酒、葡萄酒、金融、文化旅游、教育、酒店、房地产及白酒上下游等。

在中国股市中，贵州茅台应该是最有名的一只白马股，放眼整个 A 股市场，贵州茅台都稳坐市值排名的头把交椅。截至 2023 年 3 月 9 日收盘，贵州茅台的市值已经达到了 22 234.95 亿元。作为白马股，贵州茅台的业绩自然有目共睹。

图 1-8 为贵州茅台 2017 年第三季度到 2022 年第三季度的归母净利润。

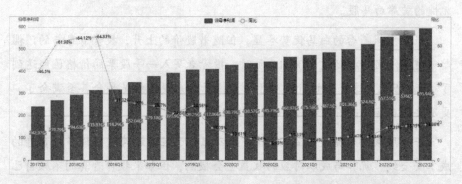

图 1-8　贵州茅台 2017 年第三季度到 2022 年第三季度的归母净利润

从图 1-8 中可以看到，贵州茅台不仅营收业绩连年增长，其股价更是自 2001 年上市以来到 2021 年 2 月之前，都没有遇到过明显的拐点。

图 1-9 为贵州茅台 2001 年至 2021 年的部分 K 线图。

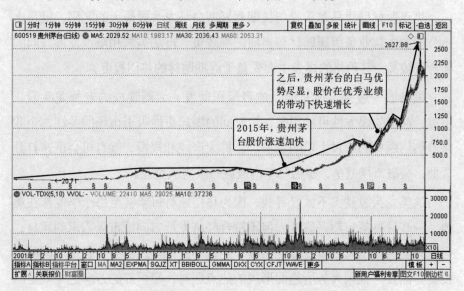

图 1-9　贵州茅台 2001 年至 2021 年的部分 K 线图

在 K 线图中，贵州茅台的连年上涨趋势一览无余。从 2015 年开始，贵州茅台涨速明显加快，股价从 180.00 元左右一路飙升至最高的 2 627.88 元，只用了 6 年左右的时间，涨幅惊人，放在整个 A 股市场，贵州茅台也是当之无愧的首席白马股。

虽然贵州茅台的白马优势尽显，但随着股价的上升，投资者参与的门槛越来越高。当价格超过 1 000.00 元时，投资者买入一手股票的价格已经达到了 10.00 万元，这一手的价格对于很多投资者来说已经是半仓甚至满仓了，更不要说在其最高价即超过 2 600.00 元时追涨。

一手股票的价格就达到 20.00 万元以上，已经远远跨过了许多投资者的成本安全线。就算与成本对应的收益也会极高，但如果投资者真的不顾自己的风险承受能力强行满仓介入，只要股价下降哪怕 10%，涉及的损失都是这部分投资者很难承受的。因此，投资者一定要理智投资，不可盲目跟风。

1.2.4　热点题材型黑马龙头股

热点题材型黑马龙头股与长期利好型白马龙头股最大的区别，就是上市公司的主营业务所属题材与当前宏观政策、市场需求和重点发展方向的契合度较高，其价格的爆发主要受益于近期题材的热门程度。

黑马股一般都是成长股，或者厚积薄发、大器晚成的老牌龙头股。不过，前者的爆发性可能更强，短时间的崛起更能吸引市场的关注，企业乘着热门题材的东风大量融资投产，扩大产能和规模，就有机会迅速打开局面，突破市场壁垒，短短几年内成就一家龙头企业。

这类龙头股其实不太好寻找，因为热门题材每年甚至每个季度都在更换，一些只具备短期兴盛能力但不符合经济发展方向或市场需求的题材，可能只会造就出短期爆发型龙头股，还达不到黑马股的强势程度。因此，投资者需要寻找因大势所趋而形成的热点题材，最可靠的方向之一就是国家政策。

下面来看一个具体的案例。

实例分析

宁德时代（300750）：受益于双碳概念的新能源汽车电池首席黑马

宁德时代新能源科技股份有限公司是国内率先具备国际竞争力的动力电池制造商之一，专注于新能源汽车动力电池系统及储能系统的研发、生产和销售，核心技术包括动力和储能电池领域，材料、电芯、电池系统、电池回收二次利用等全产业链研发及制造能力。

2022 年，全球电动汽车动力电池装机量约为 517.9GWh，仅宁德时代就达到了 191.6GWh，同比增长 92.5%，2022 年全球市占率达 37%，稳居 2022 年全球动力电池装机量排行榜第一。这也是宁德时代第六年拿下全球动力电池装机量排行榜的首席位置，公司现已成为当之无愧的全球动力电池及储能电池龙头。

宁德时代成立于 2011 年，于 2018 年才在深圳证券交易所挂牌上市，属于一个新兴的年轻企业。但它之所以能够在如此短的时间内稳居世界级龙头地位，除了本身实力强劲以外，与公司主营业务和国家乃至全球的战略方针的契合度是分不开的。

宁德时代的崛起主要受益于"双碳"目标。双碳是碳达峰与碳中和的简称，倡导绿色、环保、低碳的生活方式，持续推进产业结构和能源结构调整，大力发展可再生能源。随着全球"碳中和"的持续推进，宁德时代作为新能源科技前沿企业及全球"碳中和"的有力践行者，站在了时代最好的时点，同时也肩负推动全球能源可持续发展的重要责任。

2020 年，宁德时代首次明确三大战略方向和四大创新体系。三大战略指以可再生能源和储能为核心，实现固定式化石能源替代、以动力电池为核心，实现移动式化石能源替代及以电动化＋智能化为核心，实现市场应用的集成创新。四大创新体系指材料及材料体系创新、极限制造创新、系统结构创新及商业模式创新。

在时代的推动和宁德时代顺应潮流的积极响应及大力发展下，宁德时代已经成为近几年来炙手可热的热点题材型黑马龙头股，其所属的热点题材就是新能源汽车、锂电池和储能等领域。

图 1-10 为宁德时代 2018 年 6 月至 2021 年 12 月的 K 线图。

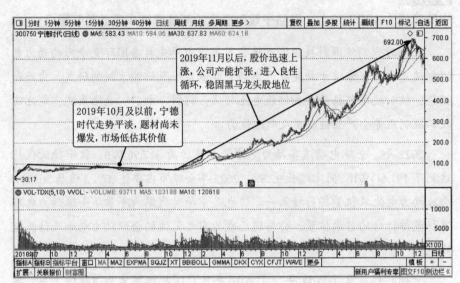

图1-10 宁德时代 2018 年 6 月至 2021 年 12 月的 K 线图

从图 1-10 中可以看到，宁德时代自 2018 年 6 月上市以来到 2019 年 10 月，股价都没有形成明显的上升趋势。但此时的宁德时代已经在动力和储能电池领域声名鹊起，正稳步向世界龙头推进。如此低迷的股价走势显然是公司所属题材尚未爆热，市场过度低估其价值的结果。

但从 2019 年 11 月开始，宁德时代的股价就呈现出了积极的上涨走势，成功突破 100.00 元的压力线后持续上扬，低点不断上移，上涨趋势稳定且强势，黑马股优势开始显现。

而在 2019 年，宁德时代确实也有许多业务上的突破。2019 年 7 月 17 日，宁德时代宣布与丰田汽车公司在新能源汽车动力电池稳定供给和发展进化领域建立全面合作伙伴关系。2019 年 10 月 18 日，宁德时代位于德国图林根州的首个海外工厂正式动工，该项目建成后将成为德国最大的锂电池工厂。2019 年 11 月，宁德时代与德国莱茵 TUV 集团签订了全球框架合作协议。

2020 年及以后，宁德时代的产能规模和业务范围随着融资额的急剧增加而迅速扩张，股价与业绩相辅相成，进一步稳固了宁德时代的黑马股地位及全球新能源汽车动力及储能电池龙头地位。

1.3　不同板块的龙头股

不同板块的龙头股主要指的是不同行业板块、不同概念板块、不同指数板块及不同市场趋势的龙头股。在前面的内容中已经简单解释过，龙头股基本是通过某一板块或领域中纵向对比筛选出来的优质股，但由于行业性质、盈利能力和周期性等方面的差异，不同板块间龙头股的参与价值和获益机会可能大相径庭。

上一节中已经介绍过不同类型的龙头股，那么本节就针对不同板块及不同市场趋势中的龙头股进行解析，帮助投资者了解股市中划分板块的意义和作用，以及其中龙头股的特征。

1.3.1　行业板块龙头股

行业是指从事国民经济中同性质的生产、服务或其他经济社会的经营单位或个体的组织结构体系。在不同的炒股软件和交易系统中，行业可能会有各自不同的分类，比如同花顺中就有其特有的同花顺行业板块。不过，权威的行业分类原则和方法还是要根据官方发布的文件来看。

在中国证监会发布的《上市公司行业分类指引（2012 年修订）》中，行业的分类以上市公司营业收入等财务数据为主要分类标准和依据，所采用财务数据为经过会计师事务所审计并已公开披露的合并报表数据。

当上市公司某类业务的营业收入比重大于或等于 50%，则将其划入该业务相对应的行业。

当上市公司没有一类业务的营业收入比重大于或等于 50%，但某类业务的收入和利润均在所有业务中最高，而且均占到公司总收入和总利润的 30% 以上（包含本数），则该公司归属该业务对应的行业类别。

不能按照上述分类方法确定行业归属的，由上市公司行业分类专家委员会根据公司实际经营状况，判断公司行业归属；归属仍不明确的，划为综合类。

在《上市公司行业分类指引（2012 年修订）》中，针对行业划分了十九个门类，九十个大类，具体如下：

◆ A：农、林、牧、渔业，包括 01 ~ 05 大类。

◆ B：采矿业，包括 06 ~ 12 大类。

◆ C：制造业，包括 13 ~ 43 大类。

◆ D：电力、热力、燃气及水生产和供应业，包括 44 ~ 46 大类。

◆ E：建筑业，包括 47 ~ 50 大类。

◆ F：批发和零售业，包括 51 和 52 大类。

◆ G：交通运输、仓储和邮政业，包括 53 ~ 60 大类。

◆ H：住宿和餐饮业，包括 61 和 62 大类。

◆ I：信息传输、软件和信息技术服务业，包括 63 ~ 65 大类。

◆ J：金融业，包括 66 ~ 69 大类。

◆ K：房地产业，包括 70 大类。

◆ L：租赁和商务服务业，包括 71 和 72 大类。

◆ M：科学研究和技术服务业，包括 73 ~ 75 大类。

◆ N：水利、环境和公共设施管理业，包括 76 ~ 78 大类。

◆ O：居民服务、修理和其他服务业，包括 79 ~ 81 大类。

◆ P：教育，包括 82 大类。

◆ Q：卫生和社会工作，包括 83 和 84 大类。

◆ R：文化、体育和娱乐业，包括 85 ~ 89 大类。

◆ S：综合，包括 90 大类。

由此可见，行业的分类其实相当复杂和严格，就算不是按照中国证监会发布的指引进行分类，不同交易软件中的行业板块也是比较严谨的。

一个由大量上市公司聚合形成的行业，必定与其成分公司的发展休戚相关。反之，一个行业的兴衰，也会直接影响到上市公司的前景和潜力，二者是相辅相成的关系。那么，一个好行业中的龙头股，大概率能够乘着大趋势的东风扬帆起航，这样的龙头股投资价值就会非常高。

朝阳行业、长期政策利好型行业和高利润行业，就是典型的高投资价值行业，其中包含的龙头股大概率存在更多的获益机会。

下面来看一个具体案例。

实例分析

紫金矿业（601899）：高利润强周期性行业龙头

紫金矿业集团股份有限公司是在全球范围内从事铜、金、锌、锂等金属矿产资源勘查、开发及工程设计、技术应用研究的大型跨国矿业集团，是截至 2023 年 3 月中国境内最大的矿产铜生产企业，在产量和资源储量方面均为国内第一，同时也是中国最大的矿产金上市公司，稳居中国采矿业细分有色金属矿采选业龙头。

采矿业自古以来就是一个利润极高的行业，同时也是一个长期政策利好型的行业，尽管行业的周期性较强，但这并不影响整个行业连年增长的利润。2022 年，采矿业实现利润总额 15 573.60 亿元，同比增长 48.6%。

紫金矿业作为采矿业龙头矿企，自然也收获了百亿以上的利润。不过由于行业性质的限制，其利润也会出现一定的起伏，这一点与前面介绍过的洛阳钼业十分相似。

图 1-11 为紫金矿业 2017 年第三季度至 2022 年第三季度的归母净利润。

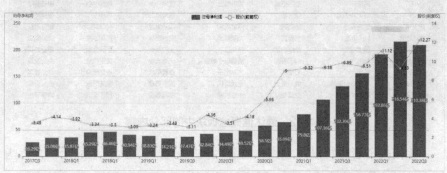

图 1-11　紫金矿业 2017 年第三季度至 2022 年第三季度的归母净利润

从紫金矿业近几年以来的归母净利润增长趋势来看，公司有周期性，但对利润的影响不算大。在此期间，紫金矿业的股价也随着归母净利润的波动性增长而上下起伏，最终于 2020 年开始崛起，迅速抬升到高位，这与公司归母净利润的持续增长是分不开的。

由此可见，就算紫金矿业属于强周期性行业，但因其盈利能力强，龙头地位稳固，发展前景向好，也能打破周期轮转的枷锁，实现利润的突破和股价的增长。对于投资者来说，这就是一个好行业中的优质龙头。

1.3.2 概念板块龙头股

概念板块与行业板块不同，它没有确切的分类标准，一个板块中的股票都是依赖某一特殊内涵或概念而聚集在一起。这种内涵或概念有偏抽象的，比如一带一路概念、基因概念和无人驾驶概念等，也有偏具象的，比如锂电池概念和创新药概念等。

图 1-12 为通达信概念板块中的部分内容。

通达信88	碳中和	氢能源	代糖概念	地热能	分散染料	民营银行
海峡西岸	黄金概念	稀土永磁	猪肉	充电桩	聚氨酯	民营医院
海南自贸	物联网	盐湖提锂	鸡肉	新能源车	绿色照明	油气改革
一带一路	创投概念	锂矿	水产品	换电概念	云计算	特高压
上海自贸	航运概念	水利建设	碳纤维	高压快充	边缘计算	智能电网
雄安新区	铁路基建	卫星导航	石墨烯	草甘膦	网络游戏	智能穿戴
粤港澳	高端装备	可燃冰	3D打印	安防服务	信息安全	智能交通
ST板块	核电核能	页岩气	苹果概念	空气治理	国产软件	机器人概念
次新股	光伏	生物疫苗	阿里概念	污水处理	大数据	智能家居
含H股	风电	基因概念	腾讯概念	垃圾分类	数据中心	智能医疗
含B股	锂电池概念	维生素	小米概念	核污染防治	芯片	智慧城市
含GDR	燃料电池	仿制药	百度概念	风沙治理	MCU芯片	智慧政务
含可转债	HJT电池	创新药	鸿蒙概念	装饰园林	汽车芯片	超导概念
国防军工	固态电池	免疫治疗	特斯拉	乡村振兴	互联金融	职业教育
军民融合	钠电池	CXO概念	消费电子概念	土地流转	婴童概念	央企改革
大飞机	节能	食品安全	汽车电子	体育产业	养老概念	物业管理
稀缺资源	TOPCon电池	食品安全	无线耳机	博彩概念	电商概念	虚拟现实
5G概念	钙钛矿电池	白酒概念	生物质能	赛马概念	网红经济	数字孪生

图 1-12　通达信概念板块中的部分内容

相信投资者也可以感觉到，概念板块的分类其实比较杂乱无章，有些概念甚至就像随意命名一般，明显与严谨的行业板块不同。

事实也确实如此，许多概念板块其实都是根据当前社会热点衍生而来的，本身就带有一种广告效应和炒作意味，尤其是一些短时间热度较高但持续性无法保证的概念。

由此可见，概念板块的稳定性大多不如行业板块，热度爆发时股价暴涨，热度消退时股价暴跌的情形在概念板块中并不少见，投资者要在概念板块中寻龙头股进行操作自然不是一件简单的事，因此要尽量避开这种时效性较强的概念板块。

不过，在某一看似无法延续热度的概念板块中出类拔萃的龙头股，其主营业务和主要利润来源却不一定是属于该板块的，支撑其龙头地位和股价上涨的主要因素也不一定是该板块的概念。因为龙头股背后的上市公司一般都是行业中的佼佼者，如果公司在许多方面都有比较亮眼的表现，就可能会被纳入多个概念板块之中。

比如，在 A 股市场中市值排名前 20 的中国中免（601888），在通达信软件中就被划归到了通达信 88 概念、海南自贸概念、含 H 股概念、电商概念、央企改革概念、免税概念和在线旅游概念板块之中。它可能在时效性较强的在线旅游概念板块中属于龙头股，但公司本身的主营业务却是免税业务和以免税业务为核心的商业综合体投资开发业务，主要收入来源是免税商品销售、有税商品销售及其他服务收入。

因此，在时效性较强的概念板块中也并非选不到好龙头，投资者需要警惕的是仅以某一概念为支撑而出现短时间走牛趋势的伪龙头股。这种股票属于典型的短期爆发型，背后的公司甚至不具备成为龙头的资格，个股安全边际极低，其中的主力或投资机构可能会在借势抬高股价后迅速套利离场，导致大批筹码被套。

下面来看一个具体的案例。

实例分析

TCL 中环（002129）：新材料概念中的全球光伏硅片龙头企业

新材料是指新出现的或正在发展中的，具有传统材料所不具备的优异性能和特殊功能的材料；或采用新技术（工艺、装备），使传统材料性能有明显提高或产生新功能的材料。

新材料研发一直以来都是比较热门的概念，通达信软件中的新材料概念板块共包含了三百多只个股，竞争较强。但由于行业资源大多向龙头聚集，导致板块中公司的规模差距也比较大，个股市值从最低一亿元到最高三千亿元不等，其中的龙头自然实力不弱。

TCL 中环就是一只表现亮眼的新材料概念老牌龙头股。公司成立于1999 年，2007 年 4 月在深圳证券交易所上市，长期专注于新能源光伏产业，主营业务围绕硅材料研发与制造展开，业务覆盖新能源光伏材料、高效叠瓦组件和智慧光伏解决方案等领域。

TCL 中环因主营业务的特殊性被划归到了新材料概念板块中，除此之外，光伏概念、HJT 电池概念、苹果概念及芯片概念板块也都包含了该股。不过，TCL 中环本身属于制造业门类中的电气机械和器材制造细分行业，截至 2023 年 3 月 10 日收盘，TCL 中环流通市值为 1 560.45 亿元，在该细分行业中排名第六，已经名列行业龙头之一了。

若要更细致地分类，TCL 中环还是全球最大的光伏单晶硅片出货商之一，最大的 N 型光伏单晶硅片制造商和高效叠瓦组件供应商，以及半导体集成电路材料的头部厂商，是全球光伏及半导体硅片龙头企业。

TCL 中环在盈利能力上的表现也能支撑其龙头地位。

图 1-13 为 TCL 中环 2017 年第三季度至 2022 年第三季度的归母净利润。

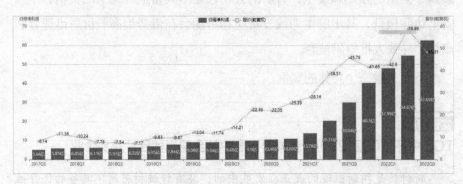

图 1-13　TCL 中环 2017 年第三季度至 2022 年第三季度的归母净利润

从图 1-13 TCL 中环的归母净利润及股价走势来看，二者的契合度还是比较高的，只是股价开始大幅拉升的时间要早于公司归母净利润跃升的时间。不过，后续公司的业绩表现也支撑住了股价的涨势，并带动其向着更高的位置攀升，进一步稳固龙头地位。

1.3.3　指数板块龙头股

指数板块一直都是股市中的重点分类板块，且数量极多，上海证券交易所和深圳证券交易所中的指数加起来能有数百种。每种指数都有不同的编制方法，或是以公司业绩为编制标准，或是以市值排名为编制依据，林林总总数百个指数板块，涵盖了 A 股市场上的所有股票。

与概念板块类似的是，许多优质股票都会被划分到不同的指数板块之中，毕竟 A 股市场中能称得上绩优股的就那么多，显然不够数百种指数瓜分的。再加上有些指数的样本空间直接就是其他指数的成分股，因此，不同指数板块之间产生大量重叠也非常正常。

下面列举几个比较常见和重要的指数，表 1-1 为 A 股市场中的常见指数及其编制依据。

表 1-1　A 股市场中的常见指数及其编制依据

指　　数	编制依据
上证 50（000016）	上证 50 指数自 2004 年 1 月 2 日起正式发布，样本空间为上证 180 指数样本股。 上证 50 指数根据总市值、成交金额等对样本空间中的股票进行综合排名，取排名前五十位的股票组成样本，以便综合反映上海证券市场最具市场影响力的一批龙头企业的整体状况
科创 50（000688）	科创 50 的样本空间由满足以下条件的科创板上市证券组成，具体要求： ①上市时间超过十二个月。 ②上市以来日均总市值排名在科创板市场前五位，定期调整数据考察截止日后第十个交易日时，上市时间超过三个月。 ③上市以来日均总市值排名在科创板市场前三位，不满足前一条件，但上市时间超过一个月并获专家委员会讨论通过。 但有以下情形的公司除外： ①被实施退市风险警示。 ②存在重大违法违规事件、重大经营问题、市场表现严重异常等不宜作为样本的情形。 科创 50 指数选择科创板中市值大、流动性好的五十只证券组成指数样本

指　数	编制依据
深证 100 （399330）	样本空间为在深圳证券交易所上市交易，且满足下列条件的所有 A 股： ①非 ST、*ST 股票。 ②上市时间超过六个月，A 股总市值排名位于深圳市场前 1% 的股票除外。 ③公司最近一年无重大违规、财务报告无重大问题。 ④公司最近一年经营无异常、无重大亏损。 ⑤考察期内股价无异常波动。 深证 100 指数计算入围选样空间股票在最近半年的日均总市值和日均成交金额，日均成交金额按从高到低排序，剔除排名后 10% 的股票，按股日均总市值从高到低排序，选取前一百名股票构成指数样本股
沪深 300 （000300）	沪深 300 指数的样本空间由同时满足以下条件的非 ST、*ST 沪深 A 股和红筹企业发行的存托凭证组成： ①上市时间超过一年的科创板证券、创业板证券。 ②上市时间超过一个季度的其他证券，除非该证券自上市以来日均总市值排在前 30 位。 沪深 300 指数样本是按照以下方法选择经营状况良好、无违法违规事件、财务报告无重大问题、证券价格无明显异常波动或市场操纵的公司。 　a. 对样本空间内证券按照过去一年的日均成交金额由高到低排名，剔除排名后 50% 的证券。 　b. 对样本空间内剩余证券，按照过去一年的日均总市值由高到低排名，选取前三百名的证券作为指数样本
大盘成长 （399372）	大盘成长指数全名为巨潮大盘成长，样本空间为满足下列条件的所有沪深 A 股和红筹企业发行的存托凭证： ①非 ST、*ST 证券。 ②科创板证券上市时间超过一年；其他证券上市时间超过六个月，总市值排名位于沪深市场前 1% 的证券除外。 ③公司最近一年无重大违规、财务报告无重大问题。 ④公司最近一年经营无异常、无重大亏损。 ⑤考察期内证券价格无异常波动。 大盘成长指数需计算成长因子的变量数值以及风格 Z 值，最后进行指数选样，选取成长 Z 值最高的六十六只证券作为巨潮大盘成长的初始样本
中证龙头 （931802）	中证龙头指数的指数样本空间由同时满足以下条件的非 ST、*ST 沪深 A 股和红筹企业发行的存托凭证组成： ①科创板证券：上市时间超过一年。 ②其他证券：上市时间超过一个季度，除非该证券自上市以来日均总市值排在前三十位。 中证龙头企业指数基于行业成长性，在各行业内选取不同数量的头部证券，从中进一步选取规模和盈利能力靠前的五十只证券作为指数样本，以反映沪深市场具有代表性的龙头上市公司证券的整体表现

　　指数板块中一般没有行业之分，这一点从指数的选样方法中也可以看出，多数是从数据或排名入手。那么，能够通过重重考验，入选重点指数后排名前列的个股，大概率都是各行各业的佼佼者，并且经过各大龙头的

横向对比后依旧能够稳居前列，足以证明其实力强劲，这种指数板块龙头股就是投资者可重点参与的个股。

但正是由于指数板块中没有明显的行业区分，个股之间就不便用业绩数据、行业低位等因素进行比较。那怎样才能在指数板块中快速筛选出名列前茅的优质龙头股呢？利用市值进行排名是个不错的方法。

在交易软件中，个股的市值有多种不同的表现形式，比较典型的就有流通市值和总市值两种。通过前面的学习投资者应该知道，个股的总市值就是在某特定时间内总股本数乘以当时股价得出的股票总价值；流通市值则指的是某特定时间内上市公司发行在外的，能够上市流通交易的流通股本数乘以当时股价得出的股票流通价值。

一般情况下，没有实现股本全流通的上市公司，其总市值和流通市值是不一样的。毕竟上市公司的控股股东及部分大股东手中持有的股本都是不能上市流通交易的，这类股本是股东对公司的控制权和经营参与权的象征，有些控股股东手中持有的股本甚至能够达到总股本的 30% 以上。

总市值和流通市值的差异主要就体现在股本数量上，现在许多上市公司已经开始倾向于实现股本全流通，也就是所有的股本都解禁。在这种趋势引导下，上市公司的总市值和流通市值的差距逐渐缩小，那么利用不同的市值标准对指数板块中的成分股进行排名，差异也不是那么明显了。

下面来看一个具体案例。

实例分析

迈瑞医疗（300760）：深证 100 指数中市值排名第三的医疗器械龙头

深证 100 指数的样本空间和选样方法已经在表 1-1 中有过简单描述，选样的参数是入围选样空间的股票在最近半年的 A 股日均总市值和 A 股日均成交金额。在选样过程中，个股排名相似的情况下，优先选取行业代表性强、盈利记录良好的上市公司股票作为深证 100 指数的样本股。

由此可见，深证 100 指数中的个股普遍是深圳证券交易所中的高价格、高市值个股，能在这些个股中排名前列的股票，大概率是各个行业的龙头。

图 1-14 为截至 2023 年 3 月 13 日深证 100 指数中市值排名前十的个股。

	代码	名称		流通股[亿]	流通市值↓	市值增减	均价	内盘	外盘	内外比	买量	卖量
1	300750	宁德时代	R	21.57	8735.33亿	-20.76亿	404.10	4657	2768	1.68	9	4
2	000858	五粮液		38.81	7762.50亿	184.38亿	198.08	2880	10711	0.27	7	8
3	300760	迈瑞医疗	R	12.12	3775.66亿	20.01亿	311.19	672	835	0.80	2	4
4	000568	泸州老窖	R	14.65	3553.62亿	68.74亿	240.54	1089	2432	0.45	23	4
5	000333	美的集团	R	68.52	3526.79亿	22.39亿	51.12	4061	7237	0.56	15	57
6	002415	海康威视	R	91.09	3465.89亿	22.47亿	37.94	5840	14672	0.40	56	7
7	002594	比亚迪	R	11.65	2801.38亿	-76.56亿	238.99	9625	6633	1.45	2	1
8	000001	平安银行	R	194.06	2571.24亿	21.35亿	13.18	15251	39204	0.39	236	925
9	002352	顺丰控股	R	48.44	2546.16亿	23.50亿	52.29	1144	3762	0.30	21	1
10	002304	洋河股份	R	15.03	2497.50亿	31.04亿	165.67	553	1456	0.38	4	13

图 1-14　2023 年 3 月 13 日深证 100 指数中市值排名前十的个股

相信投资者在生活中或是股票交易过程中都听说或涉及过这十只个股，它们无一不是各行业的龙头企业。流通市值排名第一的宁德时代和排名第二的五粮液已经在前面的案例中有过介绍，那么本案例就针对截至 2023 年 3 月 13 日流通市值排名第三的迈瑞医疗展开解析。

迈瑞医疗是中国领先的高科技医疗设备研发制造厂商，同时也是全球医疗设备的创新领导者之一。公司致力于临床医疗设备的研发和制造，产品涵盖生命信息与支持、临床检验及试剂、数字超声和放射影像四大领域。

作为国内医疗器械龙头企业，迈瑞医疗优秀的业绩数据也有目共睹。

图 1-15 为迈瑞医疗 2018 年第四季度至 2022 年第三季度的归母净利润。

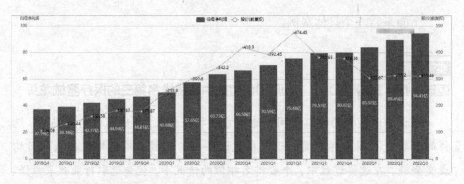

图 1-15　迈瑞医疗 2018 年第四季度至 2022 年第三季度的归母净利润

从图 1-15 迈瑞医疗的归母净利润增长情况和股价变动情况来看，在 2021 年第二季度之前，迈瑞医疗的利润增长与股价上升的趋势比较契合，二者互相影响，互相促进，进一步巩固了公司在行业板块和指数板块中的龙头地位，也吸引了大量投资者参与进来。

尽管在 2021 年之后受到某些不可抗力因素影响，导致股市震荡，迈瑞医疗价格也有所下降，但其归母净利润的增长速度还是比较稳定的。这说明迈瑞医疗的基本面没有问题，企业依旧在向前不断发展，直至进军国际市场，冲击世界医疗器械龙头，未来发展可期。

1.3.4　不同市场趋势中的龙头股

不同市场趋势中的龙头股主要包括牛市龙头股和熊市龙头股，顾名思义，这两种龙头股就是能够在不同的市场趋势中领涨的个股。

牛市龙头股和熊市龙头股都属于偏技术面的龙头股，但其背后的公司也需要基本面的行业地位、市占率及业绩数据等因素来支撑公司的龙头地位，否则很容易形成伪龙头。

而市场的整体趋势主要根据大盘指数来认定，比如上证指数和深证成指，其他比如沪深 300、中证 1000 和国证 2000 等覆盖面比较广的指数也可以用来大致判断趋势。

当大盘指数或宽覆盖指数在某段时间内形成了整体趋势向上或向下的明显趋势性变动时，就可以大致认定为牛市或熊市。如果趋势持续时间长，稳定性强，涨跌速度快，那么在此期间领涨的龙头股更能体现出其投资价值。

尤其是在熊市中领涨的股票，逆势而行本就不易，能够在一片惨淡的市场中杀出重围，更加证明了个股的强势和能力。但投资者在参与熊市龙头股时，也要注意个股的上涨是否是耗尽推涨能量的虚浮上涨，其背后是否有业绩数据或其他利好因素的支撑，避免抓到即将转入熊市的龙头股而在高位被套。

下面先来看牛市龙头股的案例。

实例分析

泸州老窖（000568）：深证成指走牛时大幅领涨的龙头酒企

泸州老窖股份有限公司是具有 400 多年酿酒历史的国有控股上市公司，是实力强劲的国有大型骨干企业、全国知名企业、中国 500 强企业。公司实施"双品牌塑造、多品牌运作"的品牌战略和可持续发展战略，以酒业为核心，以传统制造业与资本运营的有机结合实现扩张，形成融入经济全球化的大型现代集团企业。

其实无须介绍，相信大部分投资者都听说过泸州老窖的大名，它与贵州茅台、五粮液等上市公司一样，都是行走在白酒行业前沿的龙头酒企。公司的主营业务是酒类产品（白酒、葡萄酒及果酒、啤酒、其他酒等）的生产、销售，其中泸州老窖系列的中高档酒类所占的利润比例达到 93.53%。

虽然企业的龙头地位可以得到保证，但在大盘指数走牛时泸州老窖是否能够领涨还未可知。下面来看看深证成指走牛时，泸州老窖股价的表现。

图 1-16 为泸州老窖和深证成指 2019 年 1 月至 2021 年 2 月的 K 线图。

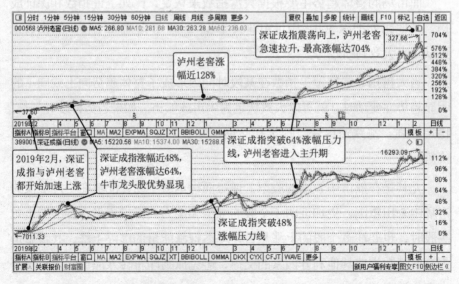

图 1-16 泸州老窖和深证成指 2019 年 1 月至 2021 年 2 月的 K 线图

图 1-6 中显示，从 2019 年 1 月开始，深证成指就出现了上升走势，尽管刚开始的回升速度并不快，幅度也不太明显，但投资者依旧能从 K 线的连续收阳中感受到。而泸州老窖也几乎在同一时间止跌回升，初始上涨速度也不快，与大盘指数形成了配合。

进入 2019 年 2 月后，深证成指的涨速明显加快，之后通过两个月的攀升，上涨了近 48%。同一时期内，泸州老窖也加快了涨速，虽然股价走势看起来并没有抬高多少，但投资者观察数据就知道，在深证成指上涨 48% 的同时，泸州老窖的涨幅已经达到了 64% 左右，远超大盘指数的上涨速度，领涨趋势明显，牛市龙头股优势开始显现。

在后续的走势中，深证成指开始出现震荡，涨速有所减缓，但低点依旧在上移，上升趋势还在延续。一直到 2020 年 1 月，才成功向上突破前期 48% 的涨幅高点，进入新一轮上涨之中。泸州老窖在 2020 年 1 月虽然没能突破前期高点，但该股股价已经有了接近 128% 的涨幅，股价一直徘徊在 128% 的涨幅线附近运行，依旧处于领涨地位。

2020 年 7 月，深证成指第二次突破前期高点，也就是 64% 的涨幅线。与此同时，泸州老窖成功突破了 128% 的涨幅线，进入到主升期内，开始了速度更快的拉升。

从此之后一直到 2021 年 2 月，泸州老窖无视深证成指的反复震荡和横盘走势，在长期均线的支撑下持续且稳定地向上攀升，并且越到后期涨速越快。反观深证成指，涨势明显不如泸州老窖强劲，直到 2021 年 2 月创出新高，涨幅也才突破到了 120% 以上。同一时刻的泸州老窖却已经达到了近 704% 的涨幅，远远领涨于深证成指，牛市龙头股地位稳固，是很好的操盘目标。

牛市的领涨龙头股表现强劲，那么熊市龙头股又会怎样表现呢？

下面来看熊市龙头股的案例。

实例分析

爱尔眼科（300015）：深证成指走熊时逆势上升的眼科医疗龙头

爱尔眼科医院集团是具有中国及全球范围医院规模和优质医疗能力的眼

科医疗集团，拥有海内外眼科医院超 700 家，眼科医生及视光医生超 9 000 名，包括一大批博士生导师、硕士生导师、博士、博士后、留学的学者及临床经验丰富的核心专家，规模远超同行，是眼科领域的龙头企业之一。

当深证成指走熊时，爱尔眼科是否能够逆势而行，成为熊市龙头股呢？

图 1-17 为爱尔眼科和深证成指 2018 年 1 月至 12 月的 K 线图。

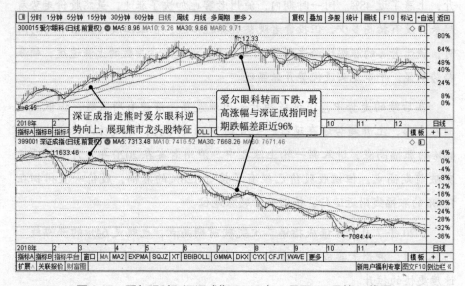

图 1-17　爱尔眼科和深证成指 2018 年 1 月至 12 月的 K 线图

从图 1-17 中可以清晰地看到，深证成指从 2018 年 1 月底就开始走熊，指数在击穿均线组合后持续下行，跌速越来越快。反观爱尔眼科，发现当深证成指下降时，该股股价却出现了明显的逆势上升走势，并且涨速较快，稳定性也比较强，展现出了熊市龙头股的特征。

尽管该股在 7 月创出新高后就跟随跌速愈发加快的大盘指数拐头向下了，但在转势之前，爱尔眼科的涨幅已经接近了 80%，同一时刻的深证成指却下跌了 16%。二者之间的差距虽然没有牛市龙头股那样大，但依旧能够为投资者创造出较好的操作环境，帮助投资者在熊市中寻找机会获益。

第2章

挖掘龙头股：寻找优质龙头

认识龙头股是第一步，如何从基本面入手进行分析，进而抓住龙头股，就是投资者要进行的第二步了。通过基本面挖掘龙头股，主要从企业面和行业面两个方向开展，深挖支撑股价上升的背后逻辑，找到值得参与的优质龙头股。

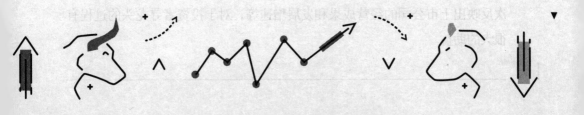

2.1 从企业面分析龙头股

从企业面分析龙头股，是一种自下而上的挖掘龙头股的方法。简单来说，就是投资者不看行业，直接分析具体的上市公司，从公司的市盈率、公司模式和发展空间等方面来进行考察，确定个股的优质潜力后，再分析公司在整个行业或板块中所居的地位，看是否能够占据龙头。

这种分析方法有利有弊。优势是能够从深层次分析出上市公司的发展潜力和投资价值，对个股和公司具有较深入且全面的把握，确定目标后就可以中长期持股，屏蔽短期波动带来的干扰，有机会抓到龙头股的主升期。

但它的弊端也很明显，首先就是对投资者的财务分析能力、政策解读能力等专业方面的要求较高。除此之外，不同行业、不同性质的上市公司，所涉及的专业知识面也大不相同，比如一个投资者熟悉医药行业，分析起其中的上市公司自然头头是道，但如果让他去分析自己根本没接触过的电子器械行业，那可能就有些强人所难了。

此外，由于自下而上选股的方式更适合中长期价值投资，因此，投资者买进后需要承担的风险和时间成本也会更大，就算选出的个股属于行业龙头，但并不是所有基本面良好的龙头股最终都能上涨，一旦投资者分析有误，或者市场偏好转变，就可能面临长年的阴跌走势。

不过投资者也不必悲观，自下而上挖掘龙头股的方法之所以存在且经久不衰，就是因为它的风险与收益并存。投资者若能不断加强自己的专业分析能力，积累经验，再加上及时止盈止损，还是有机会抓住将要起飞的龙头股，实现大幅盈利的。

2.1.1 关键财务指标寻龙头

关键财务指标是挖掘龙头股的重要工具，财务指标的变化能够从深层次反映出上市公司的经营成果和发展增速等，对于投资者寻龙头的过程有很大的助益。

上市公司的财务状况和经营情况需要定期披露，再加上投资者获取信息的渠道众多，因此投资者可以接触到的财务指标也极多，并且大部分财务指标都具有较高的分析价值，不存在最佳的财务指标。

不过，如果仅通过对某一个财务指标的分析就对上市公司的未来发展下定论，显然是不合适的。因此，比较常用的财务指标分析方法就是多指标结合。那么，哪些财务指标能够作为挖掘龙头股的依据呢？

比较常见的有市盈率、每股收益、净资产收益率、营业收入增长率、资产负债率和经营活动现金流量等，具体含义和使用方法见表 2-1。

表 2-1 常见的企业财务指标

财务指标	指标含义	使用方法
市盈率	市盈率是用来评估股价水平是否合理，是否被高估或低估的指标。它反映了在每股盈利不变，派息率为100%，并且所得股息没有进行再投资的条件下，经过多少年的投资可以将成本收回。 公式：市盈率 = 股票价格 ÷ 每股收益 × 100%	一般情况下，一只股票市盈率越低（同行业相对比较），表明它的价格相对于它的盈利能力越低，投资回收期越短，投资风险越小，投资价值越大，反之，则投资风险越大，投资价值越小
每股收益	每股收益又称每股税后利润和每股盈余，是普通股股东每持有一股所能享有的企业净利润或应承担的企业净亏损。它通常被用来反映企业的经营成果，衡量普通股的获利水平及投资风险是投资者据以评价企业盈利能力、预测企业成长潜力、进而做出相关经济决策的重要财务指标之一。 公式：每股收益 = 本年净利润 ÷ 普通股总股本	每股收益的数值越高，表明个股所创造的利润越多。投资者在使用时可以进行同行业不同公司之间的每股收益比较，以评价该公司相对的盈利能力。除此之外，还可以进行同公司不同时期的比较，了解该公司盈利能力的变化趋势
净资产收益率	净资产收益率又称权益报酬率、净值报酬率、权益利润率或净资产利润率等，它是衡量上市公司盈利能力的重要指标，体现了企业自有资本获得收益的能力。 公式：净资产收益率 = 净利润 ÷ 平均净资产 × 100%	净资产收益率越高，企业自有资本获取收益的能力就越强，运营效益越好，对企业投资人、债权人的保证程度越好，反之，企业所有者权益的获利能力越弱

续表

财务指标	指标含义	使用方法
营业收入增长率	营业收入增长率反映了企业的主营业务收入与上年相比增减变动的情况，是评价企业成长状况和发展能力的重要指标，也是衡量企业市场占有能力、预测企业经营业务拓展趋势的重要标志。 公式：营业收入增长率＝本年营业收入增长额÷上年营业收入总额×100%	营业收入增长率大于零，表明企业营业收入呈正增长，指标值越高，表明企业营业收入的增长速度越快，企业市场前景越好，当营业收入增长率等于零甚至是负数，表明企业营业收入呈负增长，企业的市场份额萎缩
资产负债率	资产负债率是衡量企业负债水平及风险程度的重要标志，它能够揭示企业的全部资金来源中有多少是由债权人提供，用以衡量企业利用债权人提供资金进行经营活动的能力，以及反映债权人发放贷款的安全程度。 公式：资产负债率＝负债总额÷资产总额×100%	资产负债率对于不同的人来说意义不同，对于债权人，也就是投资者来说越低越好。因为如果此指标过高，公司资不抵债（资产负债率大于100%），破产清算，资产变现所得很可能低于其账面价值，投资者可能遭受损失
经营活动现金流量	经营活动现金流量是指企业投资活动和筹资活动以外的所有交易和事项产生的现金流量，是企业取得净收益大小的表现，也是评判企业财务状况的重要财务指标，能反映企业真实的经营成果	经营活动现金流量与投资活动现金流量、筹资活动现金流量共同构成现金流量。总量相同的现金流量在经营活动、投资活动、筹资活动之间的分布不同，会反映出不同的财务状况

当然，通过关键财务指标分析上市公司，并不意味着目标公司需要将所有的财务指标都发展到最优，不同性质和不同阶段的公司，其优势也各不相同。比如成长期的公司，其资产负债率和市盈率可能偏高，但每股收益和净资产市盈率也不低，投资者就不能贸然定义该股票的价格是虚浮上涨，公司有破产风险。

因此，投资者在通过关键财务指标分析龙头股时，需要结合多方面因素，根据实际情况灵活变通，有些数据并非越极端越好。

下面来看一个具体的案例。

实例分析

永兴材料（002756）：财务指标表现良好的云母提锂龙头

永兴材料主要从事高品质不锈钢棒线材、特种合金材料和锂电材料的研发和生产，产品主要应用于高端装备制造、新能源汽车及储能等领域。2017年起，永兴材料进军云母提锂行业，收购矿山资源，打造采选冶一体化布局，已成功转型为"特钢＋锂电"双轮驱动的云母提锂龙头。

下面来看永兴材料的各项财务指标表现，具体内容见表2-2。

表2-2 永兴材料的各项财务指标

财务指标		报告期						
		2021 Q1	2021 Q2	2021 Q3	2021 Q4	2022 Q1	2022 Q2	2022 Q3
净资产收益率（%）	永兴材料	2.87	6.89	11.79	17.61	13.87	31.90	41.91
	行业平均	3.55	-109.46	-29.28	6.58	-2.60	7.67	-13.76
资产负债率（%）	永兴材料	21.24	20.13	20.33	19.66	19.99	17.53	19.53
	行业平均	49.48	49.88	49.66	49.84	50.12	51.80	52.07
经营活动现金流量净额／营业收入（%）	永兴材料	-15.34	3.95	6.36	10.91	13.99	29.37	39.48
	行业平均	-7.31	5.38	5.04	7.59	-0.59	5.14	6.17
营业收入增长率（%）	永兴材料	47.38	36.39	35.34	44.76	94.25	110.51	120.76
	行业平均	51.24	48.54	43.09	35.14	11.55	7.09	0.63
每股收益		0.31	0.76	1.38	2.22	2.02	5.63	10.59

从表2-2中可以看到，永兴材料的几项关键财务指标有以下转变。

①净资产收益率从2021年第二季度开始就超过了行业平均（钢铁行业）。

②资产负债率从2021年第一季度开始则一直低于行业平均水平。

③经营活动现金流量净额与营业收入之比从2021年第二季度开始就转

变为正数，从 2021 年第三季度开始高于行业平均水平，说明永兴材料的经营活动现金流量净额高于营业收入，企业当期收入的变现能力增强。

④营业收入增长率从 2021 年第四季度开始超过行业平均水平，并且增速极快，在 2022 年第二季度以后已经是行业平均水平的百倍以上。

⑤每股收益除了在 2021 年第四季度到 2022 年第一季度期间有所下滑，其他时间基本都是增长。截至 2023 年第一季度，永兴材料的每股收益在整个深证市场中都名列前五。

除此之外，永兴材料的市盈率也在近年来逐步降低。截至 2023 年 3 月 14 日，永兴材料的市盈率为 6.30 左右，在整个深证市场中排名倒数第三十六位，说明其股票的投资价值较高。

由此可见，永兴材料几乎在各项关键财务指标上都表现得相当良好，并且近两年来的业绩表现也能支撑这一点。2021 年，永兴材料实现营收 71.99 亿元，同比增长 44.8%，实现归母净利润 8.87 亿元，同比增长 243.8%；2022 年前三季度，公司实现营收 108.66 亿元，同比增长 120.76%，实现归母净利润 42.71 亿元，同比增长 675.97%，业绩远超市场预期。

图 2-1 为永兴材料 2021 年 1 月至 2022 年 9 月的 K 线图。

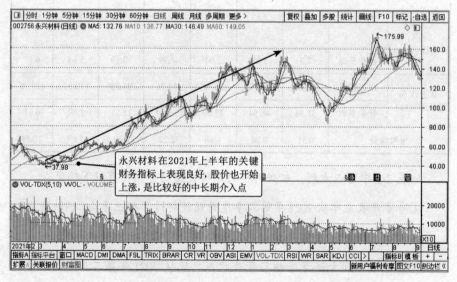

图 2-1　永兴材料 2021 年 1 月至 2022 年 9 月的 K 线图

从永兴材料 2021 年第一季度到 2022 年第三季度的股价表现可以看到，随着业绩数据的增长，公司的盈利能力、资产结构和财务状况等方面不断优化，随之而来的就是股价的中长期向好趋势。

永兴材料的许多财务指标都是从 2021 年第一季度或第二季度以后开始体现出优势的，从其股价走势也可以看到，从 2021 年 3 月开始，该股就已经形成了比较明显的上升趋势。如果投资者能够在 2021 年上半年期间发现永兴材料在关键财务指标上的优异表现，确定其龙头地位和中长期向好趋势，那么在此期间买进，后续的获益空间还是比较大的。

2.1.2 营收数据是否向好

这里的营收数据主要指的是上市公司每个报告期公布的财务报表中的业绩数据，以及其他有关产品销售的数据等。投资者最需要关注的就是销售额、销售毛利率、营业总收入、归母净利润和扣非净利润等。

在前面的许多案例中，只要涉及龙头股基本面的分析，基本都使用了公司近年来的营收数据对其进行佐证，可见营收数据的重要性。

下面就通过表 2-3 来了解这些营收指标所代表的含义。

表 2-3　有关营收的指标及其含义

指　标	含　义
销售额	销售额是纳税人销售货物、提供应税劳务或服务，从购买或接受应税劳务或服务方收取的全部价款和价外费用，但不包括向购买方收取的销项税额，以及代为收取的政府性基金或行政事业性收费
销售毛利率	销售毛利率是分析企业主营业务的盈利空间和变化趋势的重要指标，有助于发现企业是否隐瞒销售收入或虚报销售成本，投资者应当重点关注公司主营业务的销售毛利率。 公式：销售毛利率 =（主营业务收入 - 主营业务成本）÷ 主营业务收入 ×100%
营业总收入	营业总收入是指企业在从事销售商品、提供劳务和让渡资产使用权等日常经营业务过程中所形成的经济利益的总流入，分为主营业务收入和其他业务收入

续表

指　标	含　义
归母净利润	归母净利润全称为归属于母公司所有者的净利润，指的是在企业合并净利润中，归属于母公司股东（所有者）所有的那部分净利润。简单来说，就是子公司所得利润总额在扣除所得税后，按出资比例分配给母公司股东的留成部分，反映出子公司所创造的价值面向大股东和小股东的利润分配情况
扣非净利润	扣非净利润全称为扣除非经常性损益后的净利润。这里的非经常性损益是指公司发生的与经营业务无直接关系，以及虽与经营业务相关，但由于其性质、金额或发生频率影响了真实、公允地反映公司正常盈利能力的各项收入、支出。扣非净利润把资本溢价等因素剔除，只看经营利润的高低，可以更准确地判断经营业绩的好坏

了解了这些数据的含义后投资者应该明白，营收数据越高，增长速度越快，上市公司的发展前景就越好。毕竟一个公司进步的原动力就是利润，没有利润的支撑，何谈龙头地位，更别说向前发展了。

因此，投资者在发掘龙头股时，尽量选择龙头地位稳固，同时公司的销售额、销售毛利率、营业总收入、归母净利润和扣非净利润等营收数据能够连年增长，支撑其在行业顶峰屹立不倒的个股。

注意，如果上市公司已经居于龙头位置，但其近年来的营收数据却不理想，甚至出现亏损、资不抵债等情况，那么该公司很可能正处于衰退期或轮换期，其龙头位置有可能被其他竞争对手替代。

如果投资者从其他方面分析后选到了这种弱势龙头股，却又没注意到其营收数据的变化，那就可能会面临长年被套的风险。因此，就算投资者不以营收数据为主要分析对象，也要注意观察公司这方面情况如何，这也是前面的大部分案例中都向投资者展示了公司营收数据的原因。

下面来看一个具体的案例。

实例分析

隆基绿能（601012）：营收数据连年增长的组件硅片双龙头

隆基绿能是 2021 年全球市值第一的光伏企业，业务聚焦单晶硅片、电池组件、工商业分布式解决方案、绿色能源解决方案和氢能装备五大业务板块，形成支撑全球零碳发展的"绿电"＋"绿氢"产品和解决方案。

隆基绿能的产品多次刷新世界纪录，获得多项有关权威机构认证。公司在多个国家和地区布局多个生产制造基地，业务遍及全球150余个国家和地区，单晶硅片出货量逐年攀升，一体化组件项目陆续投产，产能快速扩张，一体化组件和硅片领域双龙头地位稳固。

显然，隆基绿能的龙头地位还是可以确定的，但还需要营业数据的支撑。下面来看隆基绿能的营收数据如何，具体内容见表2-4。

表2-4 隆基绿能的营收数据

营收指标	报 告 期					
	2016 年	2017 年	2018 年	2019 年	2020 年	2021 年
营业总收入	115.31 亿元	163.62 亿元	219.88 亿元	328.97 亿元	545.83 亿元	809.32 亿元
营业总收入同比增长率	93.89%	41.90%	34.38%	49.62%	65.92%	48.27%
归母净利润	15.47 亿元	35.65 亿元	25.58 亿元	52.80 亿元	85.52 亿元	90.86 亿元
归母净利润同比增长率	197.36%	130.38%	-28.24%	106.40%	61.99%	6.24%
扣非净利润	15.03 亿元	34.65 亿元	23.44 亿元	50.94 亿元	81.43 亿元	88.26 亿元
扣非净利润同比增长率	185.04%	130.45%	-32.36%	117.35%	59.87%	8.39%
销售额	74.75 亿元	109.45 亿元	179.07 亿元	265.05 亿元	392.59 亿元	619.69 亿元
销售额同比增长率	89.03%	46.43%	63.60%	48.02%	48.12%	57.85%
销售毛利率	27.48%	32.27%	22.25%	28.90%	24.62%	20.19%

从隆基绿能2016年到2021年这六年间的营收数据变化情况来看，除了2018年的归母净利润和扣非净利润有过负增长，其他时间内，隆基绿能的营业总收入、归母净利润、扣非净利润和销售额基本都是逐年上升的。只是销售毛利率并不稳定，时高时低，这与光伏硅片行业的供需周期变动有关。

显然，隆基绿能不仅通过产业扩张、项目开发等手段确定了自身的发展潜力和龙头地位，近六年来的营收和利润也能支撑公司大步向前迈进，该股的投资价值较高。

下面来看这六年内隆基绿能的股价表现如何。

图 2-2 为隆基绿能 2016 年至 2021 年的部分 K 线图。

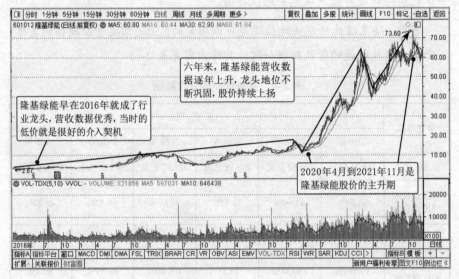

图 2-2　隆基绿能 2016 年至 2021 年的部分 K 线图

图 2-2 中展示的是隆基绿能 2016 年到 2021 年的部分股价走势，可以看到，从 2016 年开始隆基绿能就已经出现了上涨趋势，虽然相较于后期的快速拉升来说涨速并不显眼，但上升走势能够得到确定，就说明股价是整体向好的。

在后续长达 4 年多的时间内，隆基绿能的股价在震荡中持续上扬，一路上涨到了 20.00 元价位线下方，并且在一次回调后，于 2020 年 4 月开启了快速拉升走势，涨速大大提高。

在经历一年半左右的快速上涨后，隆基绿能于 2021 年 11 月创出了73.60 元的历史新高，相较于 2016 年 3.00 元左右的低价，涨幅接近2353.33%，价格翻了二十多倍。

实际上，早在 2016 年，隆基绿能就已经是单晶硅片领域的龙头企业了。当时的光伏行业低端产能过剩，高端产能不足，隆基绿能作为光伏行业领跑者之一，正引导整个行业向高效发展，市场利好。

如果投资者能够在当时通过多方面分析看到隆基绿能的巨大潜力，确定其营收业绩的优异，抓住龙头股价格启航的契机做中长线投资，可想而知获益的机会有多大。

2.1.3　产品或服务的市场潜力如何

产品或服务的市场潜力其实是一个相对抽象化的概念，一个上市公司的市场潜力如何，并没有确切的评判标准。

有人认为公司产品的市占率高，其市场潜力就大；也有人认为行业的技术壁垒厚，已经入驻其中的公司市场潜力会更大；还有人认为公司所处的领域成长性要好，公司的市场潜力才算大。其实，这些都是衡量公司市场潜力需要考量的因素，具体如下：

◆ **市场规模或增长率：** 一般来说，市场规模越大，或者市场规模增长速度越快，其中的龙头企业能获得的发展红利越多，潜力也就越大。

◆ **市场竞争环境：** 主要指的是行业中的资源集中度及技术壁垒。如果某行业技术壁垒较高，那么该行业的进入门槛也会相应提高，这会直接影响到行业内的竞争格局，业内资源大多集中在龙头企业，强者恒强，发展潜力自然宽广。

◆ **行业发展阶段：** 近年题材热度高，或者处于成长期或高速发展期的行业，市场规模增速较快，对其中的上市公司具有很强的带动作用，龙头企业的市场潜力巨大。

在前面的许多案例中，也多次提及了龙头企业的发展潜力如何，前景是否广阔等。这并非顺带提及，实际上，发展潜力是判断龙头企业是否能够保持，是否能够承受住来自各方面的冲击和同业竞争者的挤压的关键要素。

如果上市公司目前尚能稳居龙头位置，但其市场潜力已经耗尽，决策者又不思进取，不及时开拓市场或探索新的领域，那么即便当下该公司依旧如日中天，实际却即将或已经处于倾颓的边缘，自然不能成为投资者中长线投资的目标。

下面来看一个具体的案例。

实例分析

中航西飞（000768）：拥万亿市场空间的军民用大型飞机龙头

航空航天行业中的大飞机领域，具有产业链长、辐射面宽、连带效应强等特点，是现代高新技术的高度集成，不仅能带动诸多基础学科的重大进展，还能带动新材料、现代制造、先进动力、电子信息、自动控制和计算机等领域关键技术的群体突破，拉动众多高技术产业发展。

除此之外，大飞机领域同样得到了长期政策利好的支持。2020年，我国空军计划跨入战略空军门槛，初步搭建起"空天一体、攻防兼备"战略空军架构，空军战略转型建设加速，对大型运输机的需求长期保持高增。在民用航空方面，国内民航市场发展迅速，公司民机业务前景广阔。

由此可见，大飞机领域一直以来的潜力都相当巨大，拥有万亿级市场空间。再加上航空航天领域的技术壁垒一向很难打破，行业资源集中度自然较高，身处其中的龙头企业能享受到最多的行业增长红利。

中航西飞就是大飞机行业中的龙头企业之一，隶属于中国航空工业集团有限公司，是我国大中型军民用飞机科研生产基地，国内顶尖的大中型运输机和中远程轰炸机的总装生产单位，涡桨支线飞机制造商及国产客机重要零部件供应商。同时，中航西飞还与欧洲空中客车公司、美国波音公司及中国商用飞机有限责任公司、中航通用飞机有限责任公司等国内外知名航空公司拥有长期稳定的合作关系。

作为国内军民用大型飞机龙头，中航西飞业务清晰、资源集中、实力雄厚，是国内航空产业的骨干力量。再加上我国国防支出稳定增长，大中型军用飞机有巨大需求空间，中航西飞的市场潜力完全可以确定。

不过，投资者还是要注意公司的营收数据如何。

2019 年，中航西飞实现营业收入 320.79 亿元，同比下降 4.15%；实现归母净利润 10.74 亿元，同比增长 1.94%。

2020 年，中航西飞实现营业收入 334.84 亿元，同比增长 4.38%；实现归母净利润 7.77 亿元，同比下降 27.65%，但剔除非持续性特殊因素影响后，归母净利润依旧增加 0.85 亿元，同比增长 12.29%。

2021 年，中航西飞实现营收 327.00 亿元，同比下降 2.34%，整体收入小幅收缩，主要原因是库存商品大幅增加，待订单交付后可继续推进生产；实现归母净利润 6.53 亿元，同比下降 16.01%，原因是报告期公司计提存货减值准备，形成资产减值损失 2 375.00 万元，同时部分应收款项未收回；扣非归母净利润 5.68 亿元，同比增长 52.94%。

由此看来，中航西飞这三年来的营收数据尽管由于种种原因有所波动，但整体依旧向好，发展确定性高。

下面来看中航西飞这三年的股价表现如何。

图 2-3 为中航西飞 2019 年 1 月到 2021 年 12 月的 K 线图。

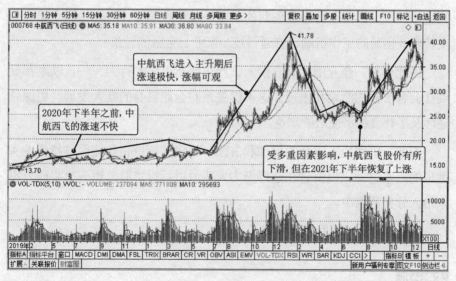

图 2-3 中航西飞 2019 年 1 月至 2021 年 12 月的 K 线图

从图 2-3 中可以看到，中航西飞长期以来都保持着上涨趋势。这种趋势在 2019 年到 2020 年上半年期间还稍显缓慢，但在进入 2020 年下半年后，中航西飞的股价无疑迎来了主升期，短短半年的时间内就创出了 41.78 元的近年新高，涨幅非常可观。

后续，中航西飞受到内外部多种因素的影响，导致股价有所下跌，但在 2021 年下半年得到了恢复，依旧符合中长线投资的需求。

2.1.4　企业是否增加研发投入

企业是否增加研发投入，从很大程度上决定了企业的发展潜力，对于提升企业的技术创新能力和培育核心竞争力起着关键的作用。毕竟科技是第一生产力，只有不断提升企业的技术创新，才能进一步推动企业技术的进步和发展，巩固行业龙头地位。

不仅企业本身应当重视研发投入的占比，国家为了激励企业在基础研究和应用基础研究发挥更大作用，支持企业加大研发投入，也出台了众多利好政策。比如加大企业研发费用加计扣除比例，大规模增值税留抵退税实施并扩围，推出支持企业创新的阶段性减税政策等。同时，建立起金融支持企业创新的工作机制，打通科技、产业、金融的链条。

由此可见，企业增加研发投入、开拓创新道路的行为，一直以来都受到社会各层面的激励和重视。这不仅关系到企业自身的壮大发展，更深处还涉及了社会经济发展的增速。

因此，研发投入资金的增加和占比，也成了衡量企业能否维持住龙头地位的因素之一，投资者在选择潜力龙头股进行投资时，也应当将研发投入纳入分析范围中。

下面来看一个具体的案例。

实例分析

立讯精密（002475）：高研发投入的精密制造龙头

立讯精密拥有专业级、创新型的多元化产品系列，公司研发生产的连接器、连接线、马达、无线充电、FPC、天线、声学和电子模块等产品广泛应用于消费电子、通信、企业级、汽车及医疗等多个重要领域，以技术导向为核心，集产品研发和应用服务于一体，逐步实现从传统制造向智能制造跨越。

立讯精密拥有自主产品的核心技术和知识产权，发明专利、实用新型专利及外观设计专利达 2 300 多项。在精密制造方面，公司已有突破性技术优势，可以快速适应电子产品"高速、微型、整合"等技术产业发展趋势。

作为行业领先的科技型制造企业，公司持续坚持对研发技术的大力投入和创新，努力革新传统制造工艺、加大自动化生产投入，始终将技术升级视为推动企业可持续发展的重要因素。

2017 年，公司发生研发费用 15.42 亿元，同比增长 65.39%，新申请专利194 项，取得专利授权 181 项。

2018 年，公司发生研发费用 25.15 亿元，较 2017 年度增长 63.09%，占营业收入近 7%，研发人员数量同比增长 45.11%。

2019 年，公司发生研发费用 43.76 亿元，较 2018 年度增长 74.01%。

2020 年，公司发生研发费用 57.45 亿元，较 2019 年度增长 31.28%。

2021 年，公司发生研发费用 66.42 亿元，较 2020 年度增长 15.62%。

持续、稳定的研发投入，不仅稳固了公司行业领先优势和龙头地位，也为公司的持续快速发展提供了坚实基础。

图 2-4 为立讯精密 2017 年第三季度至 2022 年第三季度的归母净利润。

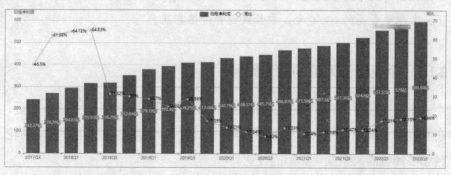

图 2-4　立讯精密 2017 年第三季度至 2022 年第三季度的归母净利润

立讯精密 2017—2022 年的利润增长趋势，显然能够支撑其逐年增长的研发投入，并形成互相促进的良性循环，进一步巩固公司的龙头地位。

图 2-5 为立讯精密 2017 年至 2021 年的部分 K 线图。

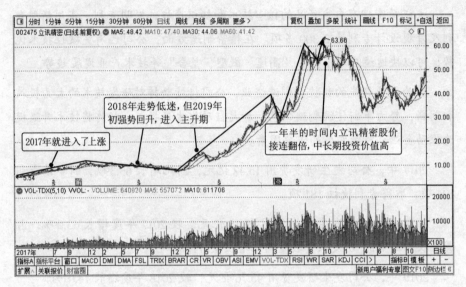

图 2-5　立讯精密 2017 年至 2021 年的部分 K 线图

从图 2-5 中可以看到，早在 2017 年立讯精密的股价就已经开始了明显的上涨走势，尽管在 2018 年期间有所走弱，但低点并未跌破前期支撑位。

2019 年 1 月，立讯精密的股价伴随着回升的大盘指数再度向上，再加上自身业绩的支撑和高研发投入带来的竞争力，在后续长达一年半的时间内，立讯精密都处于升势快速上扬的阶段，一路从 2019 年初的 10.00 元价位线以下，上涨至最高的 63.66 元，中长线投资价值彰显。

2.1.5　企业扭亏为盈的能力如何

企业在经营过程中发生亏损再正常不过，就算是一个行业的龙头企业，在有些年份或季度也会产生业绩负增长的情况，尤其是受制于行业周期轮转和市场供需关系变化影响的行业。

企业业绩亏损的原因很多，主要有以下几点。

市场需求减少，订单量下降。 这是最为常见的业绩亏损原因之一，因为许多行业都存在销售旺季和淡季之说。当淡季来临，企业自然可能面临业绩下降甚至负增长的情况。除此之外，如果行业热度下降，或者市场产品饱和度过高，同业竞争激烈，身处其中的企业也可能面临订单量下降、业绩亏损的局面。

企业经营管理不善。 企业运营过程中时常会在某些方面体现出不妥之处，比如生产成本过高，导致产品利润下降，或者企业内部管理结构混乱，生产效率降低等。如果领导者不及时发现这些经营问题，任其堆积发酵，就可能酿成难以挽回的后果，严重的还会导致企业业绩连年亏损。

库存商品积压，订单交付时限长。 产品的积压也是导致企业亏损的一大原因。如果商品积压的原因是供大于求，销路堵塞，那么企业就可能面临资金周转不灵，甚至资金链断裂导致亏损、破产等局面。但如果商品积压是自然原因导致的，比如订单本身交付周期长，那么待到下一个报告期订单完成，当期亏损自然能够被扭转。

产业链扩大或探索新的发展方向带来的成本升高。 这是很多龙头企业偶然出现亏损的原因，规模越大，所处位置越高的企业，对发展的需求度越高。如果企业因为某一大型项目投产，或者大幅扩张生产规模，加大研发投入等导致当期成本大增，那么业绩出现亏损也很正常，不过对企业未来的发展是有益的。

当企业产生亏损后，无论是出于哪种原因，如果不能尽快扭亏为盈，那么企业必然开始走下坡路，龙头企业也不例外。因此，扭亏为盈的能力也是衡量一个龙头企业是否能够坚守行业头部位置的因素之一。

下面来看一个具体的案例。

实例分析

川发龙蟒（002312）：从快递柜龙头向磷化工龙头的转变

川发龙蟒的发展历程可谓相当坎坷。在 2015 年，川发龙蟒还叫三泰控股的时候，它是国内速递易快递柜龙头企业，布局速递易数年，大量募集资金投向速递易业务。但由于速递易业务处于推广拓展期，带来的成本费用增长较大，公司在 2015 年实现营业收入 14.26 亿元，同比增长 13.52%，归母净利润 −3 792.79 万元，同比下降 140.33%。

在 2016 年，公司的业绩也没有实现扭转。2016 年，公司实现营业收入 10.39 亿元，同比下降 27.12%，归母净利润 −13.04 亿元，同比下降 −3 337.67%。主要原因是速递易业务整体线下网点规模较大，整体运营费用增加，加之为扩大自身品牌宣传，预留部分广告位，广告收入减少。同时，由于市场竞争加剧，为增强用户黏性，速递易在寄派件业务方面实施了优惠营销策略，收入相应减少，以上原因致使速递易业务在 2016 年的亏损加大。

2017 年 4 月 28 日，由于当时的三泰控股在 2015 年度和 2016 年度连续两个会计年度经审计的净利润为负值，深圳证券交易所将对公司股票交易实行"退市风险警示"的特别处理。也就是说，三泰控股的股票名称将变更为 *ST 三泰，打击较大。

为扭转这一局面，公司发布重大资产重组方案，出售控股权，为速递易引入中国邮政、菜鸟网络、复星集团三方资本，带来资金、渠道等新增资源，推动速递易业务升级，助力公司业绩扭亏为盈，成功在 2017 年实现净利润 3.02 亿元，同比增长 123.19%，摘掉了 *ST 的帽子。但这一年的扭亏为盈只是因为速递易业务不再并表而已，公司实际并没有完全扭转颓势局面。

2019 年 8 月 10 日，公司宣布重大资产购买方案，拟以支付现金的方式购买龙蟒大地农业有限公司（主营产品包括磷酸一铵、磷酸氢钙和复合肥等）100% 的股权，交易金额为 355 700.00 万元。本次交易完成后，龙蟒大地农业有限公司将成为三泰控股的全资子公司，三泰控股全面转型磷化工行业。

2019 年，公司完成对龙蟒大地的收购并表后，全年实现营业收入 19.08 亿元，同比增长 166.20%，实现归母净利润 8 468.31 万元，同比增长 138.66%，大幅扭亏，并成功跻身国内磷化工行业龙头企业位置。再加上速递易业务通过资产重组迎来新机遇，公司彻底摆脱阴云，重新扬帆起航。

2020 年，公司实现营收 51.80 亿元，同比增长 171.49%，归母净利润为

6.69 亿元，同比增长 689.70%。其中，全资子公司龙蟒大地业绩表现良好，实现扣非净利润 4.34 亿元，超预期完成业绩。

2021 年 5 月 26 日，三泰控股正式更名为川发龙蟒，扎根磷化工行业决心坚定。公司坚持"稀缺资源＋技术创新＋产业链整合"的发展模式，聚焦磷化工主营业务发展，积极推动磷化工业务产业升级，进一步优化产品结构，扩大精细磷酸盐产品范围，提高公司在精细磷酸盐细分领域市场份额。

当年，川发龙蟒实现营业收入 66.45 亿元，同比增加 28.28%，归母净利润 10.16 亿元，同比增加 51.94%，磷化工迎来强景气周期，公司盈利能力显著增强，业绩已经趋于稳定。

经过数年的努力，从速递易快递柜行业转向磷化工行业，跨度可谓不小，可以说，川发龙蟒的转型是被逼无奈，也是大势所趋。当一个发展方向步入死局，公司岌岌可危即将退市时，能够从一个行业跨度极大的新领域寻求到生机，无疑是公司眼光和实力的体现。并且，能够在转行后的当年就大幅扭亏，跻身龙头地位，公司的投资价值大概率会随着业绩的逐年提升而水涨船高。

图 2-6 为川发龙蟒 2016 年至 2021 年的部分 K 线图。

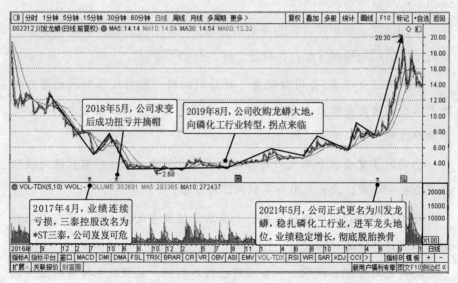

图 2-6　川发龙蟒 2016 年至 2021 年的部分 K 线图

从川发龙蟒经历巨变的这几年的 K 线走势可以看到，在 2018 年 6 月之前，川发龙蟒由于速递易业务的牵制而连年亏损，2017 年的扭亏也没能挽救股价的持续下跌。但 *ST 帽子的摘除是一个拐点，股价止跌后在 3.00 元价位线附近筑底横盘了很长时间。

2019 年 8 月，公司对龙蟒大地的收购是又一个拐点，公司自此转战磷化工行业，并且业绩大幅扭亏，川发龙蟒的股价开始出现上涨趋势。

2021 年 5 月，三泰控股更名川发龙蟒的消息带来了股价进入主升期的契机。在此之后的数月内，该股直接冲上了 20.00 元价位线，尽管没有在高位停留太久，但也充分说明了市场的积极看好态度。

川发龙蟒这几年的价格转变，正是公司扭亏为盈能力的具体表现和证明，投资者若能抓住拐点，就有机会赚取中长期投资收益。

2.1.6 企业能否做到稳定分红

分红是股份公司在盈利的情况下，将当年的收益在按规定提取法定公积金、公益金等项目后，按股票份额的一定比例支付给投资者的红利，是上市公司对股东的投资回报。

中国证监会制定并发布的《上市公司章程指引（2022 年修订）》中，针对上市公司的利润分配，也就是分红，有如下规定。

第一百五十三条 公司分配当年税后利润时，应当提取利润的百分之十列入公司法定公积金。公司法定公积金累计额为公司注册资本的百分之五十以上的，可以不再提取。

公司的法定公积金不足以弥补以前年度亏损的，在依照前款规定提取法定公积金之前，应当先用当年利润弥补亏损。

公司从税后利润中提取法定公积金后，经股东大会决议，还可以从税后利润中提取任意公积金。

公司弥补亏损和提取公积金后所余税后利润，按照股东持有的股份比例分配，但本章程规定不按持股比例分配的除外。

股东大会违反前款规定，在公司弥补亏损和提取法定公积金之前向股东分配利润的，股东必须将违反规定分配的利润退还公司。

公司持有的本公司股份不参与分配利润。

公司应当在公司章程中明确现金分红相对于股票股利在利润分配方式中的优先顺序，并载明以下内容：

（一）公司董事会、股东大会对利润分配尤其是现金分红事项的决策程序和机制，对既定利润分配政策尤其是现金分红政策作出调整的具体条件、决策程序和机制，以及为充分听取独立董事和中小股东意见所采取的措施。

（二）公司的利润分配政策尤其是现金分红政策的具体内容，利润分配的形式，利润分配尤其是现金分红的期间间隔，现金分红的具体条件，发放股票股利的条件，各期现金分红最低金额或比例（如有）等。

注释：公司应当以现金的形式向优先股股东支付股息，在完全支付约定的股息之前，不得向普通股股东分配利润。

总的来说，上市公司分红的前提条件，是公司当年利润在经过各种亏损弥补和公积金提取后，还有可供分配的利润。上市公司向普通股股东分红的时候，可以采用现金分红、送股或转增股的方式，其中，现金分红是比较受重视的分红方式，它能够为投资者带来直接的利益，同时也是上市公司盈利能力的有力证明。

在《上市公司监管指引第 3 号——上市公司现金分红（2022 年修订）》中，有如下规定。

第四条　上市公司应当在章程中明确现金分红相对于股票股利在利润分配方式中的优先顺序。

具备现金分红条件的，应当采用现金分红进行利润分配。

采用股票股利进行利润分配的，应当具有公司成长性、每股净资产的摊薄等真实合理因素。

第五条 上市公司董事会应当综合考虑所处行业特点、发展阶段、自身经营模式、盈利水平以及是否有重大资金支出安排等因素，区分下列情形，并按照公司章程规定的程序，提出差异化的现金分红政策：

（一）公司发展阶段属成熟期且无重大资金支出安排的，进行利润分配时，现金分红在本次利润分配中所占比例最低应达到百分之八十；

（二）公司发展阶段属成熟期且有重大资金支出安排的，进行利润分配时，现金分红在本次利润分配中所占比例最低应达到百分之四十；

（三）公司发展阶段属成长期且有重大资金支出安排的，进行利润分配时，现金分红在本次利润分配中所占比例最低应达到百分之二十；

公司发展阶段不易区分但有重大资金支出安排的，可以按照前项规定处理。

现金分红在本次利润分配中所占比例为现金股利除以现金股利与股票股利之和。

由此可见，现金分红在上市公司利润分配方案中应当占据的比重较大，尤其是成熟的龙头公司。如果龙头公司能够实现定期稳定分红，或者利润分配金额较高，占公司当期利润比例较大，就会从侧面反映出该公司的盈利能力持续且稳定，出手也很大方，这有利于投资者坚定投资信心，进而长期持股，稳固龙头地位。

下面来看一个具体的案例。

实例分析
中国神华（601088）：被称为分红楷模的煤电运一体化龙头

中国神华是全球领先的以煤炭为基础的综合能源上市公司，主要经营煤炭、电力、新能源、煤化工、铁路、港口和航运七大板块业务，以煤炭采掘业务为起点，利用自有运输和销售网络，以及下游电力、煤化工和新能源产业，实行跨行业、跨产业纵向一体化发展和运营模式。

在股市中，中国神华一直有分红楷模、分红标杆等称号，公司在向投资者分配利润方面经常超乎市场预期，出手大方程度令人咋舌，每次都能引爆一波投资热情。

在中国神华原本的公司章程中，就有关于现金分红的规定：除非发生根据董事会判断可能会对公司的持续正常经营造成重大不利影响的特殊情况，公司在当年盈利且累计未分配利润为正的情况下，采取现金方式分配股利；本公司按照有关会计年度企业会计准则和国际财务报告准则编制的合并财务报表中，归属于本公司股东净利润的较少者进行利润分配，每年以现金方式分配的利润不少于归属于本公司股东的净利润的 35%。

2020 年 3 月 28 日，中国神华发布《关于提高公司 2019—2021 年度现金分红比例的公告》，公告中表示，公司拟提高 2019—2021 年度的现金分红比例。在符合《中国神华能源股份有限公司章程》规定的情形下，2019—2021 年度每年以现金方式分配的利润不少于公司当年实现的归属于本公司股东的净利润的 50%。

这一措施在 2019 年就开始实施了，2019 年公司拟派发现金流红利 1.26 元/股（含税），合计 250.60 亿元，分红率高达 57.9%，引发了市场的积极反响。

2020 年，中国神华的分红率更是大超预期，公司派发 2020 年度末期股息 1.80 元/股，分红比例较此前规定的 50%（下限）大幅提升至 92%。当年公司已累计向股东现金分红（含 2020 年末期股息）3 010.00 亿元，已经超过公司当前流通总市值（2 990.00 亿元），可谓非常惊人。

2021 年，中国神华在上一年分红率的基础上再次提升，公司拟派发 2021 年度末期股息 2.54 元/股，分红比例较此前规定的 50%（下限）大幅提升至 100.4% 的顶格分配。

也就是说，2021 年公司实现的归母净利润 503.00 亿元，已经全部作为现金红利分配给了投资者。这一措施不仅远超市场预期，也引发了市场对中国神华投资价值评估的又一波讨论。

2022 年 9 月 24 日，中国神华发布《关于 2022—2024 年度股东回报规划的公告》，再次提高了分红比例的下限。报告称，2022—2024 年度每年以现金方式分配的利润不少于公司当年实现的归属于本公司股东的净利润的60%。该股东回报规划虽然还尚未获得本公司股东大会以特别决议批准，但已经向市场发出了2022年分红比例依旧极高的信号。

显然，中国神华的实力完全能够支撑连年的高分红。

截至2022年底，在煤炭业务方面，中国神华拥有六大矿区，地质条件好，开采成本低，核定产能占全国总产能的8%。

在运输业务方面，公司拥有九条铁路运输线路，三家港务公司，五十九艘航运船舶，归母净利润贡献率排第二。

在发电业务方面，公司拥有燃煤电厂、燃气电厂、水电厂，其中燃煤发电是公司的主要发电方式，约83.8%的燃煤来自公司内部供给，公司丰富的煤炭储量保证了内部电厂燃煤供应。

在煤化工业务方面，公司已有煤化工项目为包头煤化工一期，每年约生产60万吨聚烯烃。随着煤化工二期的开工，公司煤化工产品将新增75万吨聚烯烃，板块利润贡献将大幅上升。

多方面综合来看，中国神华的股票显然具有极高的投资价值。

图2-7为中国神华2019年至2022年的部分K线图。

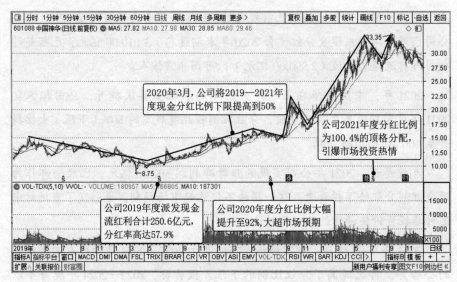

图2-7　中国神华2019年至2022年的部分K线图

从图 2-7 中可以看到，2019 年到 2021 年的三次分红，都能在后续引起股价的一波上涨，形成拐点。并且从整体趋势来看，尽管中国神华在 2019 年期间走势相对低迷，但在后续三年的时间内，该股持续上升，从 2020 年初的 8.00 元左右一路攀升至 33.00 元价位线以上，实现了多次翻倍，证实了该股中长期投资价值。

2.2　特殊板块寻找龙头股

股市中的不同板块之间差异性可能会比较大，投资者在其中挖掘龙头股时需要注意的侧重点就会有所不同，比如在第 1 章中介绍过的强周期性板块和无周期性板块、热点型概念板块和冷门型概念板块等。

本节将基于可持续性概念板块和非可持续性概念板块这两种比较特殊的板块，帮助投资者分析这两种板块中龙头股的特殊之处，以及寻找龙头股需要注意的要素。

2.2.1　可持续性概念板块寻龙头股

可持续性概念板块是指在未来较长的一段时间内都能够保持热度，并为板块中的上市公司带来持续可靠的增长红利，供上市公司产能持续扩张的概念板块。

一个概念能够持续保持高热度、高市场积极性，证明它大概率与当下经济发展和市场需求高度契合，被社会赋予了长期发展愿景。若其能够受到相关政策的支持，就算政策存在时效性，未来一段时间内该概念板块依旧能够获得一定的发展红利，那么其中的龙头股投资价值自然会升高。

尽管概念板块的稳定性不如行业板块，但经过前面内容的学习，投资者也应该明白，挖掘龙头股看的并不是单纯的某一方面的发展情况，而是要多角度分析，这样才能尽量精准地抓住高价值龙头，从而降低投资风险。

下面来看一个具体的案例。

实例分析

振华科技（000733）：国防军工概念板块中的军用电子龙头

国防军工概念板块比较特殊，它不同于一般的借助热门题材崛起的概念板块，国防军工板块的成长和发展几乎没有上限，更没有任何政策会约束它的上限。它是毋庸置疑的可持续性概念板块，都无须政策来证明。

国防军工概念板块具有较强的计划性、较高的市场壁垒和较稳定的竞争格局。

首先，很多军工产品，尤其是武器类，都要按照国家的需求进行计划安排和生产研发，国家通过公共支出计划购买军事装备，也必须考虑国家经济的可承受性和装备采购预算。

其次，由于军工产品的特殊性，国防军工板块的市场壁垒一直以来都高于其他普通概念板块，许多技术还享有极高的保密级别，非特许企业都无法接触到这类技术。这也导致了国防军工板块的竞争格局比较稳定，板块中龙头股的发展确定性较高，轻易不会衰弱。本案例就以军用电子龙头振华科技为例，介绍可持续性概念板块中的龙头股表现。

振华科技是国内军用电子元器件的龙头企业，也是国内一流的军用元器件、集成电路供应商。公司产品涵盖电容、电阻、电感、开关、厚膜集成电路和半导体二三极管等，为航天、航空、核工业、兵器和船舶等行业提供了大量优质电子元器件，同时先后为东方红一号、两弹一星、探月工程及北斗等重点工程提供保障。

在研发团队和研发实力方面，振华科技也存在优势。截至2022年，振华科技有博士14人、硕士241人；设立省级企业技术中心9个、省级工程技术研究中心2个，并与清华、浙大、电子科大、西安电子科大等高校设立11个联合开发实验室；累计拥有专利1 180件，其中发明专利322件，拥有软件著作权16件。

电子元器件产业本就前景广阔，在军民领域应用广泛，振华科技持续聚焦军工电子元器件主业，将长期受益于国产替代和军品采购加速带来的发展红利，龙头地位稳固。

图 2-8 为振华科技 2017 年第三季度至 2022 年第三季度的归母净利润。

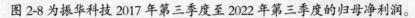
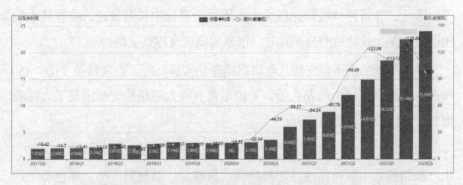

图 2-8   振华科技 2017 年第三季度至 2022 年第三季度的归母净利润

从这五年振华科技的归母净利润增长情况来看，2020 年第三季度到 2020 年第四季度之间是一个比较大的跨越，原因是振华科技正逐步剔除以往的深通信与振华新能源业务的历史包袱，再加上军工电子方向业绩快速增长，振华科技进入了一个新的上升期。

图 2-8 中的折线代表的是振华科技对应每季度的股价，可以看到，该股的价格与公司归母净利润的契合度还是比较高的。从 2020 年第三季度振华科技的利润开始加大上升幅度后，其股价也出现了跨越式的增长。随着利润的不断增长，该股的价格也在积极攀升，中长期投资价值凸显。

2.2.2　非可持续性概念板块寻龙头股

非可持续性概念板块指的是由于一些突发事件或是近期热点事件引起的，短时间内对某一类具有一定共性的股票造成集体影响而形成的板块。

这类概念一般持续时间较短，并且不存在可持续性研究价值，时效性极强。比如 2022 年冬奥会概念、近几年热度较高的口罩概念、逐渐被替代的 4G 及 5G 概念等。随着事件影响力的消散，这些红极一时的概念都逐渐被淡忘甚至消失了，依靠这些概念大肆抬价的股票，也有很多转入熊市之中。

由此可见，投资者在非可持续性概念板块中操作时，看重的就是那段时间内该概念的火爆带来的股价涨幅收益，大家都明白这种概念无法延续太长时间，只需要抢到这一段就好。

因此，非可持续性概念板块大多不适合进行中长期投资，除非其中的领涨股或龙头股背后的公司并非只依靠该概念支撑其上涨。

举个简单的例子，在前几年口罩概念热度极高时，金发科技（600143）作为口罩概念板块中的龙头股，无论是营业收入还是股价都出现了大幅的增长，受板块红利影响较大。

但实际上，金发科技的主营业务并非口罩，而是化工新材料的研发、生产和销售，主要包括改性塑料产品、贸易品、新材料产品、绿色石化产品及医疗健康产品，口罩只是由于当时概念火爆而附加增值的一项业务。

当口罩概念衰退乃至消逝时，板块红利也随之降低。口罩业务利润的下降虽然对公司的业绩有一定影响，但实际上只是让其回到了该概念爆发之前的盈利水平，金发科技依旧是改性塑料龙头，依旧具有投资价值。

也就是说，如果龙头公司只是受到非可持续性概念影响，导致某一项业务开始大幅贡献利润，使得股价急剧增长。那么当非可持续性概念热度下降时，只要龙头公司的主营业务依旧坚挺，利润能够维持住公司常态化发展趋势，公司的龙头地位也就能够保持。

不过，受非可持续性概念影响越深的公司，概念的影响力消失时遭受的打击就会越重。因此，投资者最好还是先行出局观望，避免被套。

下面来看一个具体的案例。

实例分析

元隆雅图（002878）：获益于冬奥会概念的促销品龙头

奥运会一直以来都是全球最具影响力和参与最广泛的体育盛会，它不仅影响到体育文化产品和服务等产业的发展，还更深层次地影响到主办国家及主办城市的经济增长，对区域经济的发展产生重大影响。

2022 年 2 月 4 日到 2 月 20 日举办的 2022 年北京冬奥会，就成功带动了冰雪消费热潮，与之相关的器材用品、体育服饰、运动培训、周边衍生商品及旅游消费等均迎来较大幅度增长，尤其是在北京地区。

2022 年第一季度，北京零售市场在春节假期及冬奥效应的积极带动下，聚焦冰雪经济与冬奥纪念品消费，春节期间滑雪及冰上运动类品牌与冬奥会吉祥物商品销售出现显著增长。2022 年 1 月至 2 月，北京市社会消费品零售总额为 2 427.30 亿元，同比增长 2.5%。其中，商品零售就占据了 2 227.70 亿元，同比增长 1.3%。

一时间，冬奥会概念相当火热，在这种带动下，许多公司迎来了业绩利润的大幅增长，其中就有促销品领域的龙头公司——元隆雅图。

元隆雅图是国内杰出的创新型整合营销服务机构，作为核心供应商，长期服务于银行、保险、互联网、美妆、母婴、通信、数码电子、汽车和医药等行业百余家世界 500 强及国内外知名企业，为客户提供全方位一体化创新整合营销服务，业务领域包括促销礼赠品策划与供应、数字化营销策划与执行、新媒体广告策划与投放及元宇宙科技营销等。

作为国家大型赛会活动的特许生产商与零售商，元隆雅图为 2022 年北京冬奥会、2021 年成都大运会、2019 年北京世园会、2010 年上海世博会及 2008 年北京奥运会等十余届国内外重大特许赛会提供全方位的特许商品开发与销售服务。

2022 年北京冬奥会，元隆雅图开发特许商品超 600 余款，品类非常丰富，包括贵金属；徽章、钥匙扣及其他非贵金属制品；毛绒和其他材质玩具三大热门品类，其中开幕纪念金银条、冰墩墩、雪容融等特许商品深受消费者的喜爱与追捧。

2021 年，公司销售特许经营产品 147.93 万件，同比增加 265.24%。其中，冬奥会特许纪念品实现收入 2.07 亿元，同比增长 249.17%，占营收比重 9.04%。特许纪念品热度延续至 2022 年，带动 2022 年第一季度业绩高速增长。

图 2-9 为元隆雅图 2019 年第三季度至 2022 年第三季度的营业收入。

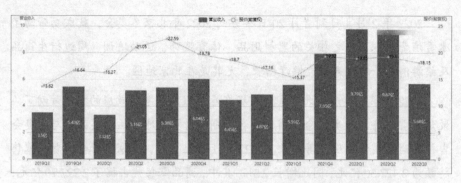

图 2-9　元隆雅图 2019 年第三季度至 2022 年第三季度的营业收入

从元隆雅图这三年来的营业收入数据可以发现，从 2021 年第一季度开始一直到 2022 年第一季度，公司的营业收入一直处于增长状态。尤其是 2021 年第四季度和 2022 年第一季度期间，业绩增速明显加快，显然是受益于冬奥会特许经营商品的热销。

不过，图 2-9 中显示股价的折线图却并没有在 2022 年第一季度期间出现明显上涨，整体更像是走平。其实，这些价格是一整个季度的平均价格，折线走平并不代表当季股价没有产生过变化，下面来看 K 线图中股价的表现。

图 2-10 为元隆雅图 2021 年 9 月至 2022 年 3 月的 K 线图。

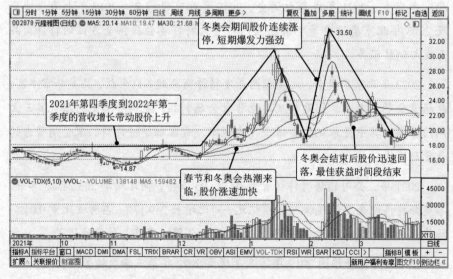

图 2-10　元隆雅图 2021 年 9 月至 2022 年 3 月的 K 线图

在 2021 年第四季度到 2022 年第一季度，元隆雅图的股价表现出了与冬奥会概念的高度契合走势。2021 年 9 月到 11 月，该股价格还未表现出明显的上涨趋势，只是多次向上突破 18.00 元的压力线。

进入 12 月后，股价很快便成功突破到了更高的位置，春节的消费热潮再加上冬奥会周边产品的热销，使得元隆雅图的股价出现了快速的上涨。

尽管在 2022 年 1 月中旬之后该股价格出现急速下跌，但随着冬奥会的临近，从 2 月开始，该股就开始了连续的涨停。五个一字涨停加上一根涨停阳线，元隆雅图的股价从 18.00 元价位线附近直接冲到了最高的 33.50 元，涨幅超过 86%。

这一波上涨无疑是冬奥会举办带来的，从图 2-10 中也可以看出元隆雅图的股价确实受冬奥会概念影响较大，价格在涨停结束后就出现了急速下跌，回到了原先的震荡区间附近。这一点从元隆雅图 2022 年第二季度和第三季度营业收入下降到原有水平也可以看出。

因此，遇到这种受非可持续性概念影响较深的龙头股，投资者最好快进快出，抓住短期涨幅后就尽快撤离。如果公司的其他业务依旧能够支撑其股价上升，投资者在后续重新买进也不迟。

2.3　寻龙头也要注意风险

大多数龙头公司的地位都不只是因为其股价上涨得多么高、多么强势带来的。相反，是公司的强大竞争力、优秀的业绩数据及发展潜力的确定性在支撑着其股价的上涨。

但有些时候，投资者会发现一些似乎不太符合常理的情况，公司明明处于行业龙头位置，营收业绩也在稳定增长，但其股价就是无法走牛，甚至常年下跌或震荡。

影响股价走势的因素相当复杂，并不仅限于公司的基本面情况，不过这也反映出不是所有的龙头公司股价都能出现上涨。也就是说，就算投资者通过一系列分析方法确定了一个公司的龙头地位和成长价值，但只要在某些方面稍有疏忽，或是市场产生了其他变化影响到公司，都有可能造成该公司股价难以上涨甚至长期下跌的情况。

因此，通过基本面分析寻龙头还是存在很多不可控风险的，投资者切忌盲目跟风，或是不根据最新的公司变动情况直接投资本书解析过的个股。

不过，通过某些方法，投资者还是能在一定程度上规避掉部分看似优秀但价格上涨受阻严重的龙头股，或是及时从下跌中撤离。

2.3.1　控股股东变动或大股东减持

对于控股股东，《中华人民共和国公司法》有如下定义。

第二百一十六条（二）控股股东，是指其出资额占有限责任公司资本总额百分之五十以上或者其持有的股份占股份有限公司股本总额百分之五十以上的股东；出资额或者持有股份的比例虽然不足百分之五十，但依其出资额或者持有的股份所享有的表决权已足以对股东会、股东大会的决议产生重大影响的股东。

前者被称为绝对控股股东，后者被称为相对控股股东。

而大股东是指与其余的股东相比，持有股份占比较大的股东，并没有特别的数据或比例要求。注意，控股股东一定是大股东，但大股东却并不一定是控股股东。

控股股东的变动其实不算少见，一般情况下也不会对公司股价产生太大影响。但如果新任控股股东与前任控股股东之间代表的地位差距太大，或是行业跨度太大，就可能会导致股价震荡了。

比如前面介绍过的川发龙蟒（002312）转型案例，其中被川发龙蟒收购的龙蟒大地农业有限公司，其控股股东行业就发生了较大的转变。尽管龙蟒大地并没有上市，未来的主营业务也依旧是磷化工方面，但当时的川发龙蟒急于依靠龙蟒大地转型，势必会对其投入大量资金和关注。这对龙蟒大地来说无疑是高度利好的，如果它是上市公司，股价大概率能够上涨不少。

还有一种控股股东变动情况，不仅不会利好股票，反而可能导致价格急转直下，甚至影响到公司的龙头地位和市场口碑，那就是国资的撤资。

现在很多国企和央企的控股股东都是国家，也就是说，在公司的全部资本中，国家资本股本占较高比例，公司由国家实际控制。比如云南白药（000538）就是国资控股。

如果国资从公司中撤资，控股股东更换为一般集团或个人，对公司商誉和口碑的打击可想而知。就算背后有更深层次的原因，但投资者所见的就是公司失去了国家的支持，短时间市场可能会产生一定程度的震荡，对股价产生利空影响。

大股东的减持虽然不会如国资撤资那么严重，但可能造成的影响和后果是差不多的，减持得越多，对投资者信心的动摇程度就越大。

上海证券交易所制定并发布的《上海证券交易所上市公司股东及董事、监事、高级管理人员减持股份实施细则》中，有如下几项规定。

第四条　大股东减持或者特定股东减持，采取集中竞价交易方式的，在任意连续 90 日内，减持股份的总数不得超过公司股份总数的 1%。

持有上市公司非公开发行股份的股东，通过集中竞价交易减持该部分股份的，除遵守前款规定外，自股份解除限售之日起 12 个月内，减持数量不得超过其持有该次非公开发行股份数量的 50%。

第五条　大股东减持或者特定股东减持，采取大宗交易方式的，在任意连续 90 日内，减持股份的总数不得超过公司股份总数的 2%。

大宗交易的出让方与受让方，应当明确其所买卖股份的数量、性质、种类、价格，并遵守本细则的相关规定。

受让方在受让后 6 个月内，不得转让所受让的股份。

第十三条　大股东、董监高通过集中竞价交易减持股份的，应当在首次卖出股份的 15 个交易日前向本所报告备案减持计划，并予以公告。

前款规定的减持计划的内容，应当包括但不限于拟减持股份的数量、来源、减持时间区间、方式、价格区间、减持原因等信息，且每次披露的减持时间区间不得超过 6 个月。

但很多时候，上市公司披露的减持计划中是不会详细说明大股东减持原因的，无论是大股东不看好公司未来发展，还是单纯地想将部分股份兑现为利润，大多数上市公司发布的公告中都会声明大股东减持不会影响公司业绩，对于投资者来说只能起到通知作用，具体情况还应仔细分析。

综上所述，控股股东的变动和大股东的减持都有可能对龙头股的股价产生冲击。如果这种冲击是利空的，投资者最好先行撤离，或是暂不参与，避开股价未来可能出现的下跌。

下面来看一个具体的案例。

实例分析

芯源微（688037）：大股东连续减持但业绩向好的涂胶显影龙头

芯源微是国家高新技术企业，专业从事半导体生产设备的研发、生产、销售与服务，是国内半导体专用光刻工序涂胶显影设备和单片式湿法设备领域的头部企业，在涂胶显影领域已有二十年的技术积累。在 2022 年，公司规模还处于高速成长期，这一点从其业绩数据中也可以看出。

图 2-11 为芯源微 2019 年第四季度至 2022 年第三季度的归母净利润。

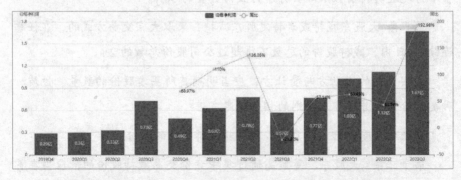

图 2-11　芯源微 2019 年四季度至 2022 年三季度的归母净利润

无论是从芯源微的业绩数据还是行业地位来看，公司的投资价值都是比较高的，但公司大股东频繁的减持为芯源微的股价蒙上了一层阴影。

图 2-12 为芯源微重要股东减持情况（部分）。

变动期间	变动人	董监高管	与高管关系	变动股数（股）	剩余股数（股）	变动占流通股%	成交均价	变动原因
2023.03.14-2023.03.15		--	--	-40.10万	824.67万	0.43	236.63	二级市场买卖
2023.03.07-2023.03.14		董事、监事、高	--	-4400.00	2.54万	0.00	237.10	二级市场买卖
2023.03.14		高级管理人员	--	-2000.00	9.10万	0.00	237.00	二级市场买卖
2023.03.10		董事、高级管理	--	-4.45万	195.55万	0.05	244.33	二级市场买卖
2023.03.01			--	-87.04万	982.94万	0.94	194.12	大宗交易
2023.02.27		董事、高级管理	--	-6.00万	210.55万	0.06	209.16	二级市场买卖
2023.02.16		核心技术人员	--	-5000.00	6.50万	0.01	229.21	二级市场买卖
2023.01.20-2023.02.01			--	-87.38万	864.76万	0.94	164.26	大宗交易
2023.01.16-2023.01.19			--	-97.86万	952.14万	1.06	156.48	大宗交易
2022.12.27		高级管理人员	--	-21.37万	106.13万	0.48	128.00	二级市场买卖
2022.12.23			--	-271.26万	1069.98万	6.05	153.94	其他
2022.12.23		董事、高级管理	--	-50.55万	216.55万	1.13	153.94	二级市场买卖
2022.07.07-2022.07.21			--	-37.30万	425.00万	0.83	--	二级市场买卖
2022.07.21		核心技术人员	--	-6000.00	75.00万	0.01	156.66	二级市场买卖
2022.06.28-2022.07.06			--	-49.20万	462.30万	1.10	--	二级市场买卖
2022.03.09-2022.03.18			--	-53.00万	50.00万	1.18	--	大宗交易
2021.12.21-2021.03.08			--	-122.00万	103.00万	2.72	--	大宗交易
2021.05.27-2021.06.03			--	-104.00万	225.00万	2.35	--	大宗交易
2021.05.31		核心技术人员	--	-4000.00	24.00万	0.01	107.16	二级市场买卖
2021.05.28		核心技术人员	--	-2.70万	24.40万	0.06	102.48	二级市场买卖
2021.05.28		核心技术人员	--	-2000.00	21.00万	0.00	103.00	二级市场买卖
2021.03.03-2021.05.27			--	-84.00万	329.00万	1.89	--	二级市场买卖

图 2-12　芯源微重要股东减持情况（部分）

这只是部分大股东的减持情况，而实际上，早在 2020 年 12 月，公司当时持有 5.36% 公司股份的国科瑞祺物联网创业投资有限公司，以及持有 8.12% 公司股份的中国科技产业投资管理有限公司就已经开始减持了。两大股东拟通过集中竞价交易方式、大宗交易方式减持其所持有公司股份，合计数量都超过了公司总股本的 2%。

在后续数年内，公司股东频频减持，尽管其间也有其他股东的增持和加入，但数量远不及被减持的部分。正是这种反常的情况，导致芯源微的业绩虽然在增长，整体基本面向好，但股价的涨势却并不稳定。

图 2-13 为芯源微 2020 年至 2023 年的部分 K 线图。

从 2020 年 12 月芯源微的大股东频繁减持开始，该股股价就呈现出了短期趋势明显、长期趋势震荡的状态。显然，大股东减持的行为使得市场信心并不坚定，投资者不敢长期持有该股。行情一有风吹草动，或是股东再次大幅减持时，股价就可能发生较快的转折，显示出多方支撑力不强，看多信念不够统一。

因此，如果投资者想要寻找中长期投资的价值龙头股，芯源微显然不是一个好选择，中长线投资者最好另寻优质股。但是短线投资者在其中进行波段操作还是可以的，只是要注意及时止盈止损。

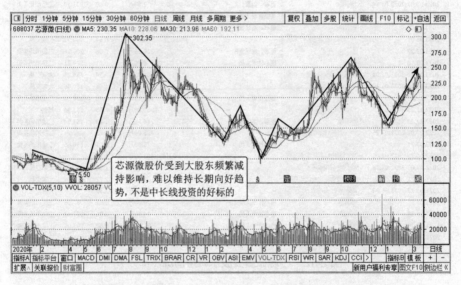

图 2-13　芯源微 2020 年至 2023 年的部分 K 线图

2.3.2　价格失去安全边际

股市中的安全边际指的是股票的内在价值与实际价值之间的差值。这里的内在价值是通过一系列方法分析公司的财务状况、盈利前景及其他影响公司生产经营消长等因素后，得出的股票真正代表的价值。股票的实际价值就是某段时间内股价的市场价格。

当股票的实际价值低于其内在价值，股票就拥有安全边际。其内在逻辑很简单，当股票的实际价值低于内在价值，也就意味着股票当前处于被低估的状态，其价格会在后期向着内在价值靠拢。二者之间的差值为股票提供了一定的上涨空间，也为低位买进的投资者提供了缓冲垫，这个缓冲垫就是安全边际，有时也被称为"护城河"。

很显然，安全边际越宽，股票的投资价值越高，投资风险也越小。反之，如果一只股票失去了安全边际，甚至其实际价值远远超过了其内在价值，那么该股未来的下跌风险也会远远超过拥有安全边际的股票。

但是普通投资者要如何确定一只股票的内在价值和安全边际呢？有三种比较简单易懂的方式可供选择。

◆ **市盈率确定法**：市盈率是用来评估股价水平是否合理的指标之一。一般来说，股票的市盈率过高（相对的），则说明该股价值很可能被高估，目前所处位置比较危险；相反，市盈率较低，说明股价目前被低估，可以适当买进（但过低的市盈率意味着公司有破产的可能）。

◆ **财务数据变动确定法**：财务数据的变动也是衡量股票价值的依据之一。当股价上涨，但企业的营收、利润等数据不尽如人意，甚至出现连续亏损，与其涨势不匹配，也说明股价被刻意炒高，毫无安全边际可言，随时有跌落的可能。

◆ **重大事件确定法**：重大事件指的是负面消息或是不利于企业发展的利空消息，比如被合并的资产重组公告、被监管部门处罚的消息和披露的财务报告数据下滑等。当这些事件出现时，如果股价还在上涨甚至反常地加快上涨，那么市场炒作的可能性就比较高，投资者不宜介入这样的股票。

不过，由于龙头股的特性使然，这类股票受到投资者追捧的可能性本就会大一些，尤其是一些热门龙头股，如宁德时代（300750）、贵州茅台（600519）等，它们的市盈率比普通股票高一点也是很正常的，只要不超出行业平均太多，还是可以操作的。

投资者最需要警惕的一类龙头股，就是市盈率超过行业平均，但公司财务数据近年来出现增速减缓甚至亏损，无法支撑起高市盈率的龙头股。如果公司还出现了重大利空消息，那么这种股票基本就没有任何安全边际，投资风险极高。

下面来看一个具体的案例。

实例分析

上能电气（300827）：高市盈率、低业绩的光储逆变器龙头

上能电气是专注于电力电子产品研发、制造与销售的国家高新技术企业，业务涵盖光伏逆变器、储能系统、电能质量治理和电站开发等多个领域，历经多年发展，公司已成为全球市占率领先的光储逆变器生产商。2021年，公司光伏逆变器全球市占率排名第八，国内储能逆变器市占率第一。

2020年4月，上能电气在深圳证券交易所挂牌上市，但其业绩表现却被很多人称为上市即巅峰。

图2-14为上能电气2020年第二季度至2022年第三季度的归母净利润。

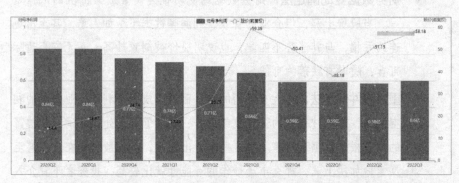

图 2-14　上能电气 2020 年第二季度至 2022 年第三季度的归母净利润

从图2-14中可以看到，上能电气的归母净利润从上市以来就一直在下降，并且每个季度都没有超过一亿元。公司虽然市占率很高，但显然盈利能力差，放在龙头股中也是比较弱势的一类。

除了业绩表现不佳以外，上能电气的市盈率也远远超出了行业乃至市场平均。图2-15为上能电气的市盈率与行业、市场平均的对比。

排名	证券代码	证券简称	市盈率(TTM) ▲	市盈率(LYR)
249	300827	上能电气	239.97	243.42
		行业平均	28.96	42.38
		市场平均	16.00	16.22

图 2-15　上能电气的市盈率与行业、市场平均的对比

图 2-15 中的"市盈率（TTM）"又称为滚动市盈率，指的是股票最近十二个月的市盈率；"市盈率（LYR）"是静态市盈率，由当前每股市场价格除以该公司的每股税后利润得出。而上能电气无论是滚动市盈率还是静态市盈率，都远远超过了行业平均。

其实高市盈率对于龙头企业来说是很正常的，但偏偏上能电气的业绩数据不足以支撑这种远超行业平均水平的高市盈率，二者背道而驰，股票几乎完全失去了安全边际。

除此之外，上能电气的大股东减持消息也频频放出，不断动摇着市场的信心。图 2-16 为上能电气重要股东减持情况（部分）。

变动期间	变动人	董监高管	与高管关系	变动股数(股)	剩余股数(股)	变动占流通股%	成交均价	变动原因
2022.12.30		董事、高管	本人	-62.00万	2365.30万	1.15	49.20	大宗交易
2022.12.27		董事、高管	本人	-54.00万	2427.30万	1.00	50.96	大宗交易
2022.12.26		董事、高管	本人	-34.56万	2481.30万	0.64	55.11	二级市场买卖
2022.11.24		董事、高管	本人	-64.48万	1037.14万	1.20	60.32	二级市场买卖
2022.11.04		董事、高管	本人	-89.99万	2538.15万	1.67	66.88	二级市场买卖
2022.11.04		董事、高管	本人	-19.99万	1119.81万	0.37	67.24	二级市场买卖
2022.11.02		董事、高管	本人	-90.74万	2628.14万	1.68	65.42	二级市场买卖
2022.11.02		董事、高管	本人	-48.18万	1139.81万	0.89	65.40	二级市场买卖
2022.07.28		董事、高管	本人	-36.90万	611.10万	0.68	69.17	二级市场买卖
2022.07.28		董事、高管	本人	-35.71万	2718.89万	0.66	67.61	二级市场买卖
2022.07.28		董事、高管	本人	-7.00万	1188.00万	0.13	68.86	二级市场买卖
2022.07.26		董事、高管	本人	-200.99万	2754.61万	3.73	63.23	二级市场买卖
2022.07.25		董事、高管	本人	-101.08万	1195.00万	1.87	64.10	二级市场买卖
2021.12.29		董事、高管	本人	-33.00万	720.04万	1.80	88.26	二级市场买卖
2021.12.13		董事、高管	本人	-15.00万	753.04万	0.82	102.23	二级市场买卖
2021.11.12		董事、高管	本人	-28.00万	1642.00万	1.53	108.26	大宗交易
2021.11.04		董事、高管	本人	-48.00万	360.00万	2.62	130.91	二级市场买卖
2021.11.04		董事、高管	本人	-43.80万	768.04万	2.39	130.88	二级市场买卖
2021.09.06		董事、高管	本人	-21.00万	419.00万	1.15	131.00	二级市场买卖
2021.09.03		董事、高管	本人	-14.00万	440.00万	0.27	135.59	二级市场买卖
2021.09.01		董事、高管	本人	-129.99万	1670.00万	7.09	121.01	二级市场买卖
2021.09.01		监事	本人	-80.84万	270.00万	4.41	120.60	二级市场买卖
2021.09.01		董事、高管	本人	-79.99万	811.84万	4.36	121.17	二级市场买卖

图 2-16　上能电气重要股东减持情况（部分）

上能电气大股东减持得也十分频繁，并且很多时候减持的数量较大，这不得不让人感到危险。连年下降的利润数据，股票反常的高市盈率，大股东疑似借高套利的行为，都传递出了该股几乎没有安全边际的信号，投资者最好不要选择在该股中操作，要操作也必须更加谨慎。

图 2-17 为上能电气 2020 年 4 月至 2023 年 3 月的 K 线图。

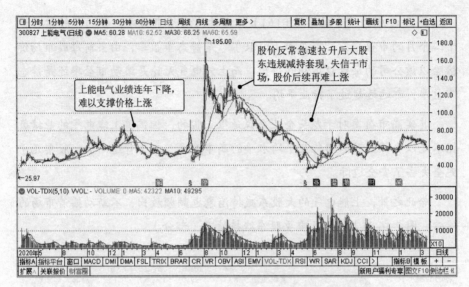

图 2-17　上能电气 2020 年 4 月至 2023 年 3 月的 K 线图

从图 2-17 中可以看到，上能电气自 2020 年上市以来确实出现了一段时间的上涨，但伴随着业绩的走低、市盈率的抬高和大股东的减持行为，股价开始转为震荡。

2021 年 7 月初，该股突然开始急速拉升，背后原因不明，但在 7 月 19 日，上能电气发布了重要股东减持的预披露公告。公告显示，四位股东计划在未来六个月内减持不超过 360 万股、90 万股、180 万股和 72 万股。而实际上，其中一位股东不仅减持速度极快，还比披露的计划多减持了 18 万股，属于违规减持行为。

尽管上能电气后续发布了致歉声明，称是误操作所致，但很显然，无论是否故意为之，上能电气大股东借高套现的行为有目共睹。这对于市场来说无疑是一种信誉减值的行为，很多投资者再不愿意买单，纷纷离场，导致后续股价持续下行，直到回到原有震荡区间。

第3章

控仓追龙头：合理管理资金

许多投资者都希望能够成功追涨龙头股，抓住龙头股主升期的涨幅收益。但追涨龙头股也是有技巧的，不仅是买卖时机的分析技巧，如何合理控仓及有效管理资金也是投资者应当重点关注的问题。同时，追涨入场后何时加仓、何时止盈、何时止损，投资者也要重点考虑。

3.1 追击龙头股的建仓技巧

如何建好仓是买进龙头股的第一步，也是关键的一步。很多不太讲究技巧的投资者可能每次都是直接一次性全部买进，然后持股待涨，等到位置合适了又一次性全部卖出。这种操作方式其实没有任何问题，但是在风险和成本控制方面就不具有优势了，尤其是风险控制，一旦投资者买进后股价涨势不及预期甚至下跌，那么这一整批筹码都会被套。

因此，学习科学的建仓技巧，能够使投资者的追涨风险变得更加可控，进而从另一方面扩大获益的机会。

3.1.1 金字塔与倒金字塔建仓法

金字塔建仓法与倒金字塔建仓法是两种手法类似，但方向相反的建仓方法。其中的金字塔建仓法是比较常用的一种，主要应用于牛市之中，短线投资者和中长线投资者都适用。

在建仓之前，投资者需要将资金分为若干份，第一次买进时股价位置较低，就投入份额较大的资金；待到后续股价上涨到一定程度回调时，再投入份额较小的资金；往后股价越高，投入资金越少，直至将预算资金全部投入个股之中，完成建仓，图 3-1 为金字塔建仓示意图。

图 3-1　金字塔建仓法示意图

当然，图 3-1 只是示例，投资者实际投入的资金和买入的筹码数量还是要根据实际来进行调整。注意，并不是每次都要在特定的价格进行买进，关键在于股价回调的位置，而非价格的等比上升。

金字塔建仓法之所以盛行，原因在于它能够利用投入资金量逐次降低的方式来调整高位筹码与低位筹码之间的平衡。低位筹码是盈利的关键，能够确保投资者的收益水平；高位筹码则是防范风险的关键，能够降低投资者一次性投入后全部被套的可能性。

倒金字塔建仓法的操作方向和使用位置与之正相反，它适合在熊市末期股价筑底时，或者深度回调的过程中进行，属于比较冒险和激进的一种建仓方法，尤其是在熊市后期，谨慎型的投资者要慎重考虑是否采用。

投资者在建仓前，依旧需要将资金分为若干份，第一次买进时股价位置较高，投资者投入的资金份额就要比较小；待到后续股价下跌到一定程度时，再投入份额较大的资金；往后股价越低，投入资金越大，直至将预算资金全部投入个股之中，完成建仓，等待行情的反转，图 3-2 为倒金字塔建仓法示意图。

图 3-2　倒金字塔建仓法示意图

倒金字塔建仓法也有其优势，在股价还在下跌时，通过跌价加码的方式能够很好地摊低成本，最终到手的筹码要比一次性买进的多许多。但相应的，如果投资者对于行情判断失误，牛市迟迟未到，或是上涨空间已尽，那么这一批筹码可能要等很长一段时间才能实现盈利。

下面来看一个具体的案例。

实例分析

伊利股份（600887）：金字塔建仓法解析

伊利集团是中国规模最大、产品品类最全的乳制品企业，也是在亚洲、欧洲、美洲、大洋洲实现产业布局的国际化企业，位居全球乳业五强，盈利能力稳中向好，稳居乳制品龙头地位。

本案例就以伊利股份为例，向投资者展示金字塔建仓法的实际应用。

图3-3为伊利股份2020年6月至2021年3月的K线图。

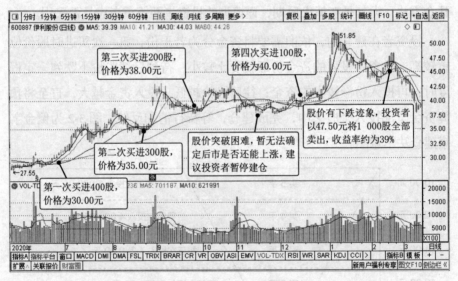

图3-3　伊利股份2020年6月至2021年3月的K线图

从2020年6月开始，伊利股份的股价就开始逐步向上运行，此时投资者若发现了投资机会的来临，就可以开始筹划建仓了。假设投资者预算的资金为35 000.00元，只打算操作一波上涨行情，下面来看他如何建仓。

第一次建仓的位置应当在股价刚开始上升，并成功突破前期高点的价格，为30.00元左右。投资者在此处买入400股，投入资金12 000.00元（400×30.00，本书演示时忽略其他手续费），剩余资金23 000.00元

（35 000.00−12 000.00）。

2020 年 6 月底到 7 月上旬，股价上升趋势比较稳定，但在接近 7 月中旬时于 35.00 元价位线附近受到一定的阻碍，横盘一段时间。7 月下旬，股价继续上升后不久再次回落，依旧跌到了 35.00 元价位线附近，说明这是一条关键压力线和支撑线，投资者可在此投入第二批资金。

第二次买进的价格为 35.00 元，一共 300 股，花费资金 10 500.00 元（300×35.00），剩余资金 12 500.00 元（23 000.00−10 500.00）。

在后续的走势中，该股成功突破到了 40.00 元价位线以上，但随之而来的回调却将价格拉到了 38.00 元价位线附近，位置相对较低，为投资者创造了第三次买进机会。

第三次买进的价格为 38.00 元，一共 200 股，花费资金 7 600.00 元（200×38.00），剩余资金 4 900.00 元（12 500.00−7 600.00）。

在 38.00 元价位线附近止跌企稳后，该股于 10 月初再度上升，但受到 45.00 元价位线的压制后很快回落，低点落在了与前期相近的位置。在发现股价多次上升难以突破 40.00 元价位线后，投资者最好暂停建仓步伐，先行观望，避免后市转入下跌之中。

12 月初，该股成功向上突破 40.00 元价位线，并在其附近回踩整理了数日。此时投资者能够确定后市还有上涨空间，并且预算资金还有剩余，那么就可以进行第四次建仓了。

第四次买进的价格为 40.00 元，一共 100 股，花费资金 4 000.00 元（100×40.00），剩余资金 900.00 元（4 900.00−4 000.00）。由于 900.00 元已经不足以在这个价格附近再买入一手伊利股份的筹码，因此投资者此次的建仓就算大功告成，可以持股待涨了。

在股价突破 40.00 元价位线后，K 线出现了连续大幅的收阳走势，迅速将价格带到了 50.00 元价位线以上。在该价位线附近横盘数日后，股价表现出突破困难的状态，后续很快就转入了下跌之中，并且后续的反弹也都未能超越前期，说明这一波行情可能即将结束，投资者可以借高卖出了。

此次，投资者建仓获得的全部筹码为 1 000 股（400+300+200+100），若投资者以 47.50 元的价格全部卖出，收回的资金为 47 500.00 元。此次建仓的成本为 34 100.00 元（35 000.00−900.00），那么赚取的收益就有 13 400.00 元（47 500.00−34 100.00），收益率约为 39%，还是非常可观的。

3.1.2 均分建仓法

均分建仓法与金字塔建仓法比较类似，但手法更简单，投资者在建仓前依旧要将资金分成若干份，但每次遇到股价回调的买进时机时，都投入相等量的资金，以此类推，直至完成建仓，图 3-4 为均分建仓法示意图。

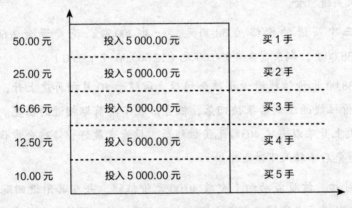

图 3-4 均分建仓法示意图

均分建仓法适用于各种行情。不过由于缺乏资金递增或递减的特性，均分建仓法的避险效果和控制成本的效果不如金字塔建仓法和倒金字塔建仓法，但胜在简单方便，新手投资者也能掌握。

需要注意的是，均分建仓法中的"均分"指的是资金均分，而非筹码均分。也就是说，在上涨行情中使用均分建仓法，同一份资金能够买到的筹码会越来越少；在下跌行情中使用均分建仓法，同一份资金能收购的筹码又会越来越多。

不过，因为股价交易规则要求投资者一次性最少交易一手，也就是 100 股，增减都需要是 100 的倍数。因此，很多时候投资者事先均分的资金刚好没办法购入整数倍的筹码，那么投资者就可以根据实际情况进行调整，适当增减资金。

下面来看一个具体的案例。

实例分析

国电南瑞（600406）：均分建仓法解析

国电南瑞是以能源电力智能化为核心的能源互联网整体解决方案提供商，拥有电网自动化及工业控制、继电保护及柔性输电、电力自动化信息通信、发电及水利环保四大业务板块，下设一个研究院、四个事业部、十五家分公司、二十六家子公司。历经多年自主创新和产业发展，国电南瑞已发展成为总资产规模 660.00 亿元、年营业收入 385.00 亿元、市值规模超千亿元的能源电力及工业控制领域卓越的 IT 企业和电力智能化领军企业。

本案例就以国电南瑞为例，向投资者展示均分建仓法的实际应用。

图 3-5 为国电南瑞 2021 年 7 月至 2022 年 1 月的 K 线图。

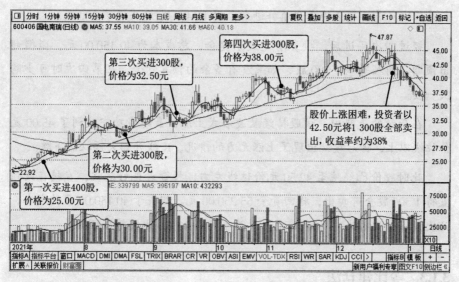

图 3-5　国电南瑞 2021 年 7 月至 2022 年 1 月的 K 线图

在国电南瑞的这段上涨走势中，投资者建仓的机会很多。假设投资者的预算资金为 40 000.00 元，准备分四次投入，持股几个月后一次性卖出，准备介入的时间在 2021 年 7 月。

2021 年 7 月，股价正在从相对低位向上运行，当其突破 25.00 元价位线时，投资者第一次买进，投入资金 10 000.00 元，购入筹码 400 股。

8 月初，股价上涨至 32.50 元价位线附近后滞涨回落，跌至 30.00 元价位线上横盘，投资者迎来第二次买进的机会。但由于 10 000.00 元无法凑整购入，因此投资者微调资金，用 9 000.00 元在 30.00 元的位置买进了 300 股。

9 月初，该股上升到 40.00 元价位线附近后再度回调，低点落在了 32.50 元价位线附近。此时，投资者用 9 750.00 元在 32.50 元的位置又买进了 300 股。

10 月初，股价形成了又一个回调低点，但其低位与前期相近，投资者可以继续在此买进，也可以等股价上涨一段距离后再买。

10 月底，股价再次向上冲击 40.00 元的压力线，但依旧未能突破，不过后续回调的落点不低，在 30 日均线处就受到了支撑。此时，投资者希望以 38.00 元的价格第四次买进，但 10 000.00 元也不够凑整，于是投资者第二次和第三次买进后剩余的资金填补进来，用 11 400.00 元买进了 300 股。

经过四次买进后，投资者完成了建仓，总成本为 40 150.00 元，微微超出预期，购入筹码 1 300 股，如果没有多余的预算资金，在第四次时可少购买一些。

在后续的走势中，该股持续呈波浪式上涨，最终成功突破到了 45.00 元价位线以上，但后续就出现了上涨无力的情况，K 线开始大幅收阴下跌。

此时股价已经跌至 42.50 元价位线左右，投资者见好就收，直接在此位置将 1 300 股全部卖出，收回资金 55 250.00 元。相较于 40 150.00 元的成本，此次投资者收益为 15 100.00 元，收益率约为 38%，比较符合预期。

3.1.3 等比建仓法

等比建仓法也叫等比倍增建仓法，与倒金字塔建仓法的手法十分类似，适用位置也是一样的，但要求更为严格，建仓步骤更为严谨。

投资者在建仓之前要根据股价发展情况制定建仓标准，因为等比建仓法要求投资者严格按照股价下跌的幅度等比例买进。比如当投资者第一次买进 1 手后，往后价格下跌 5%，就买进 2 手；下跌 10%，买进 4 手；下跌 15%，买进 8 手，以此类推。

也就是说，每当价格等比下跌一档（相较于第一次买进时的价格来说），买入数量就比上一次买进的多一倍，直至投资者纳入足够的筹码，或者将预算资金消耗完，图 3-6 为等比建仓法示意图。

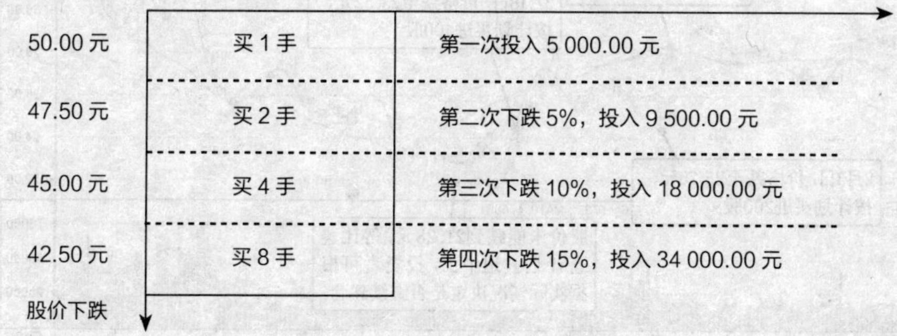

50.00 元	买 1 手	第一次投入 5 000.00 元
47.50 元	买 2 手	第二次下跌 5%，投入 9 500.00 元
45.00 元	买 4 手	第三次下跌 10%，投入 18 000.00 元
42.50 元	买 8 手	第四次下跌 15%，投入 34 000.00 元
股价下跌		

图 3-6　等比建仓法示意图

投资者在实际操作时要根据个股变动情况来调整这个比例，股价涨跌幅度不大的就设置为 2% 或 4%，股价涨跌幅较大的可以设置为 10% 或 15%，没有绝对的标准。

同时需要注意，在使用等比建仓法时，投资者需要严格按照事先确定的标准执行，避免逻辑混乱导致决策不理智。在建仓时投资者也要注意判断行情转势的时机，避免买在下跌初期或下跌途中。

下面来看一个具体的案例。

实例分析

宁波银行（002142）：等比建仓法解析

宁波银行是一家区域性上市银行，是国内 19 家系统重要性银行之一。作为城市商业银行的标杆，宁波银行拥有多元化的股权结构、市场化的治理机制和稳定的管理团队，公司的盈利能力和成长性领先同业，是中国城市商业银行中盈利能力强、资本充足率高、不良贷款率低的龙头银行之一。

本案例就以宁波银行为例，向投资者展示等比建仓法的实际应用。

图 3-7 为宁波银行 2019 年 11 月至 2020 年 8 月的 K 线图。

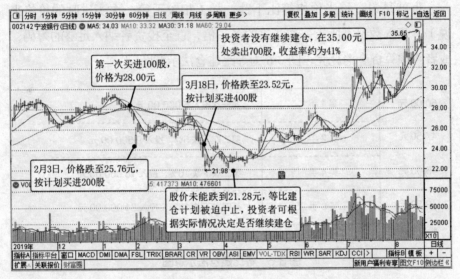

图 3-7 宁波银行 2019 年 11 月至 2020 年 8 月的 K 线图

从中长期均线的走势可以发现，在 2019 年 11 月及以前，宁波银行的股价是向上运行的，直到在 29.00 元价位线附近受阻，并频频突破失败后，股价才出现了深度回调的迹象。此时，投资者就可以采用等比建仓法建仓。

2020 年 1 月，当股价突破压力线失败，下跌到 28.00 元价位线附近时，就是一个买进机会。投资者第一次建仓时以 28.00 元的价格买进 100 股，投入资金 2 800.00 元。

假如投资者的预算资金为 35 000.00 元，预设的下跌幅度为 8%，第一次买进的价格为 28.00 元，数量为 100 股，那么后续的建仓计划如下。

①当股价下跌 8%，价格为 25.76 元，买进数量为 200 股，投入资金为 5 152.00 元，剩余资金 27 048.00 元（35 000.00−2 800.00−5 152.00）。

②当股价下跌 16%，价格为 23.52 元，买进数量翻倍为 400 股，投入资金为 9 408.00 元，剩余资金 17 640.00 元（27 048.00−9 408.00）。

③当股价下跌 24%，价格为 21.28 元，买进数量翻倍为 800 股，投入资金为 17 024.00 元，剩余资金 616.00 元（17 640.00-17 024.00），不足以再进行下一次买进，至此建仓完成。

计划制订完毕后，投资者需要做的就是执行，继续来看后面的走势。

该股从 2020 年 1 月开始第一次跌到 25.76 元时，是在 2 月 3 日这一天，投资者在当日执行了第二次买进计划后，就可以继续等待。

2 月 3 日之后，该股小幅回升到了 26.00 元价位线附近，随后长时间震荡运行，其间还试图上穿 28.00 元价位线，失败后继续下行。最终，该股于 3 月 18 日跌到了 23.52 元，投资者迅速执行第三次买进计划。

3 月中旬，股价跌出 21.98 元的阶段低价后就出现了小幅回升，暂时没有达到投资者第四次买进计划的位置。但在后续的走势中，该股似乎是在 22.00 元价位线之上受到了支撑，一直没有跌破该价位线，并且到了 4 月下旬时，还出现了重新上涨的迹象。

显然，此时投资者手中还有 17 640.00 元的剩余资金，但股价的变动无疑打破了投资者的建仓计划。那么投资者就面临着两种选择，一种是就这样持有 700 股，建仓计划提前结束，不再拉高持股成本；另一种则是在股价还未上涨太多时换用其他建仓方式继续买进，投资者需要根据自身情况来决定。

现在，假设投资者不再买进，就此结束建仓计划，持股待涨。

从后续的走势来看，该股进入了一波波浪式上升的趋势之中，K 线在均线组合的支撑下上涨还算稳定。截至 2020 年 8 月，该股最高跃过了 35.00 元价位线，若投资者以 35.00 元的价格将前期买进的 700 股全部卖出，那么能够收回的资金就有 24 500.00 元，相较于 17 360.00 元的成本价来说，共获益了 7 140.00 元，收益率约为 41%。

3.2 抓住龙身波动的加仓时机

在追龙头的过程中加仓，是很多投资者都乐意去进行的一项操作，尤其是当行情走牛，股价回调出现买入时机时，已经入场的投资者为了扩大未来收益，适度加仓也是在情理之中的。

比较好的加仓时机一般都出现在上涨行情之中，是投资者用于增加收益的砝码。如果在下跌过程中加仓，投资者的目的大概率就是摊平成本了。本节重点介绍的还是在龙头股的上涨行情中加仓的技巧。

3.2.1 关注基本面加仓

在基本面加仓的重点主要在于关注上市公司是否有利好消息放出，比如业绩大幅增长、扩大产能规模、重大项目交接、国资介入控股和大股东增持股票等，相信投资者通过第 1 章和第 2 章的龙头企业基本面分析学习后，也对这些利好消息影响股价的程度有所认知了。

一般来说，利好消息的放出都会对股市产生一定的积极作用，但作用的力度还是要根据消息的重大程度来区分。

那么何谓重大利好消息呢？不同发展阶段、不同性质的公司所需求的正面影响是不同的。比如成长期的创新型上市公司需要的是发展，那么产能的急剧扩大、合作商的增加、国资的介入和优异财报的公布等消息，对于这种上市公司来说就算重大利好消息了。

但要注意，并不是所有的利好消息都会促使股价上涨，否则也不会有那么多基本面良好，但股价就是一直维持震荡的龙头股了。

利好消息对市场的刺激是股价上涨的一大因素，但主力介入拉升也是拐点形成的一大关键。一般情况下，仅靠散户的力量很难使股价在短时间内出现非常明显或是速度非常快的上涨，不仅是因为散户手中的筹码较少，还因为散户大多是个人投资者，无法齐心在某一段时间内同步买进或卖出，也就无法形成聚集性的助涨或助跌力量。

但主力和机构投资者不一样，他们在很多时候能够预先分析出个股的未来潜力，进而决定在某一节点开始大量注资拉升。而上市公司利好消息的放出，就是一个很好的契机，市场积极性被调动起来，有利于降低拉升阻力。

对于普通投资者来说，要提前预知拉升的时点还是很有难度的，谨慎型的投资者建议在利好消息放出、主力拉升确定后的位置加仓，就算会增加一部分成本，但好在相对安全。

下面来看一个具体的案例。

实例分析

片仔癀（600436）：关注基本面加仓解析

漳州片仔癀药业股份有限公司以生产名贵中成药"片仔癀"而享誉海内外，为中国首批"中华老字号"，核心产品"片仔癀"是国家一级中药保护品种，其传统制作技艺入选国家非物质文化遗产名录，连续多年居中国中成药单品种出口前列，被誉为"海上丝绸之路"上的"中国符号"。

作为被政策重点关注的药企，公司地位特殊，受到实质的长期保护，独占优势明显。享誉海内外的"片仔癀"品牌高居中华老字号价值第二位，长期占据肝胆用药第一品牌。强大的品牌价值使得使用"片仔癀"品牌的药品、保健品和日化品等产品在市场推广时具有天然优势，公司稳居中药行业龙头。

这种龙头地位极为稳固，发展确定性较高的成熟大型企业，比较看重的应当是支撑后续发展的动能，也就是企业利润的增长。但在 2019 年，由于原材料价格上涨幅度较大，导致公司核心产品片仔癀毛利率下降，2019 年前三季度，片仔癀产品毛利率为 81.26%，较去年同期下滑 2.3%。

2020 年 1 月 20 日，公司发布公告，鉴于片仔癀产品主要原料及人工成本上涨等原因，公司主导产品片仔癀锭剂国内市场零售价格将从 530.00 元 / 粒上调到 590.00 元 / 粒，供应价格相应上调 40.00 元 / 粒；海外市场供应价格相应上调约 5.80 美元 / 粒。

这是片仔癀自 2017 年 6 月来首次提价，这一举措有助于提高片仔癀毛利率，从而提高公司盈利能力。另一方面，零售价的提升使得渠道商利润空间提高，有望带动渠道商积极性，推动渠道库存健康化。

对于公司来说，这一消息算是影响较为重大的利好消息了，得知这一公告后，投资者就可以密切关注片仔癀的股价，看是否有上升迹象。

图 3-8 为片仔癀 2019 年 6 月至 2021 年 7 月的 K 线图。

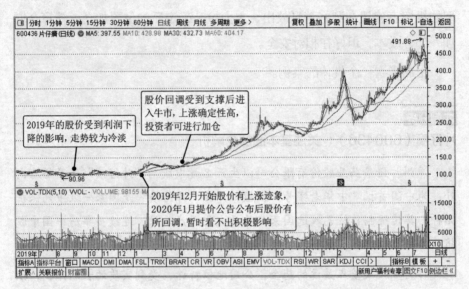

图 3-8　片仔癀 2019 年 6 月至 2021 年 7 月的 K 线图

从图 3-8 中可以看到，在 2019 年 6 月到 12 月，片仔癀的股价都没有太强的趋势性，整体几乎一直维持在 100.00 元价位线附近横向震荡。不过，从 2019 年 12 月中旬开始，该股开始出现了上涨迹象，并且于 2020 年 1 月中旬左右突破了前期高点。

2020 年 1 月 20 日，公司公布提高核心产品片仔癀的零售价的公告后，股价在 150.00 元价位线附近受阻滞涨，随后形成了一段时间的回调。片仔癀的股价看似并未受到该利好因素影响，但该股前期既然出现了上涨迹象，投资者还是可以保持一定的关注。

2020 年 3 月，股价回落到 60 日均线附近后受到支撑止跌，并且很快便开始回升，进入一段稳定的上涨趋势之中。自此以后，片仔癀进入了牛市之中，在长达两年多的时间内长期维持着上涨，说明公司盈利能力的增加还是从很大程度上提高了市场的持股信心，投资者若能在前期较低的位置买进，然后跟随这一利好消息加仓，获益空间还是比较大的。

3.2.2　利用均线支撑位加仓

前面介绍的是利用基本面利好消息的公布来加仓，适合中长期投资者进行价值投资时使用。而对于一些更专注于技术面，操作时间短、速度快的投资者来说，每次都根据上市公司的基本面信息变动来加仓，显然是无法满足其操作需求的。因此，学习技术面形态的加仓技巧也是很有必要的。

相信大多数投资者都知道均线，也大致明白均线的使用技巧。均线全称为移动平均线，简单理解就是最近一段时间内的股票平均成交价格曲线。

根据计算基期的不同，可将均线分为短期均线、中期均线和长期均线（相对的）等类别。时间周期越短的均线，受最新成交价格变动的影响越大，与股价的贴合度越高；反之，时间周期越长的均线，受最新成交价格变动的影响越小，与股价的贴合度越低，也就越难产生大幅度的变化。

如果股价已经进入了上涨趋势之中，那么 K 线大概率会移动到中长期均线以上，这一点投资者通过上一个案例的 K 线图可以很明显地看出来。由于中长期均线的稳定性较好，一旦形成向上的趋势，就会对股价产生一定的支撑作用，只要牛市持续，中长期均线就不会轻易被有效跌破。

由此可见，股价每次回调到中长期均线附近得到支撑止跌横盘，或到直接回升的位置，就是很好的加仓机会。

当股价小幅跌破中长期均线时，投资者也不要紧张。若在一段时间后股价能够回升到均线之上，后市应该还是有上涨空间的，加仓机会仍然存在；但若股价没能回到上方，而是越跌越深，投资者就要考虑行情反转或深度回调的可能性了，谨慎的投资者最好先行出局观望。

下面来看一个具体的案例。

实例分析

通威股份（600438）：利用均线支撑位加仓解析

通威股份是由通威集团控股，以饲料工业为主，同时涉足水产研究、水产养殖、肉制品加工、动物保健及新能源等相关领域的大型科技型上市公司，系农业产业化国家重点龙头企业。

公司成立之初主营水产饲料、畜禽饲料等农业业务，2016 年通过资产重组，将光伏硅料、电池片电站业务注入上市公司，形成"光伏＋农业"的双主业布局。此后光伏业务占比持续提升，成为公司主营业务之一。2020 年，通威股份硅料产量全球第一，助力公司成为光伏硅料领域龙头。

本案例就以通威股份为例，解析利用均线支撑位加仓的实际应用。

图 3-9 为通威股份 2020 年 6 月至 2021 年 9 月的 K 线图。

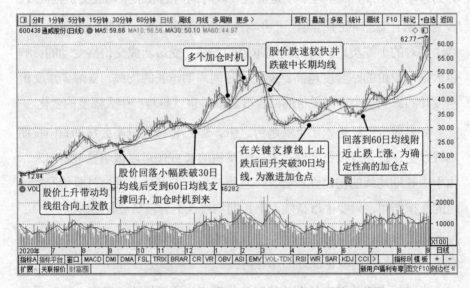

图 3-9 通威股份 2020 年 6 月至 2021 年 9 月的 K 线图

从图 3-9 中可以看到，自 2020 年 6 月开始，通威股份的股价就出现了上升趋势，很快便于 7 月上升至 20.00 元价位线以上。股价整体趋势比较稳定，K 线带动均线组合向上发散开来，30 日均线和 60 日均线也开始向上运行。

7 月底，该股在 30.00 元价位线附近受阻后回调，落在 30 日均线附近后止跌横盘，小幅跌破 30 日均线后开始走平。此时，60 日均线依旧在上行，并且承托在 K 线下方，支撑力依旧存在，通威股份后市上涨概率较大，投资者可以在此试探着加仓。

随着 60 日均线与 K 线的距离越来越近，股价受到影响开始向上缓慢移动，直到 9 月与该均线产生接触后，K 线上升速度有所加快，有回归上涨轨道的迹象。此时，还在等待机会的投资者就可以抓住低位加仓了。

经历一个多月的上涨后，通威股份在 35.00 元价位线附近再次滞涨回调，股价依旧是先跌破 30 日均线后在 60 日均线附近得到支撑，这一回调低点也是一个比较确定的加仓点。

随着后市股价上涨速度的加快，K 线的回调低点逐渐上移到 30 日均线、10 日均线的附近。直到 2021 年 2 月遇到 55.00 元压力线的阻力后，该股才止涨进入下跌之中。

很明显，此次股价的下跌不同以往，不仅速度极快，还连续跌破了两条中长期均线，带动其向下转向。在不知道后市是转入下跌还是深度回调的情况下，建议投资者先行出局，避开这段下跌。

直到 3 月，股价跌至 30.00 元价位线附近后才止跌横盘。从前期的股价与 30.00 元价位线的位置关系来看，这也是比较关键的一条支撑线，股价能在此处受到支撑，说明后市还有上涨机会。

进入 4 月后，股价回升迹象明显，30 日均线很快随之拐头向上。尽管 60 日均线还未转向，但股价升势积极，重新买进或加仓的机会已经到来，激进的投资者已经可以买进了。

5 月，该股在 40.00 元价位线附近受压后回落，跌到 60 日均线附近后成功得到支撑上升，并带动 60 日均线也开始向上转向，彻底确定了后市的上涨趋势。此时，谨慎的投资者也可以加仓或重新买进了。

3.2.3 利用关键支撑价位线加仓

关键支撑价位线在上一个案例中已经有所提及了，它在价格运行过程中经常出现，并且既可以在股价突破之前对其形成压制，也可以在跌破之后形成支撑。

关键价位线的支撑和均线的支撑效果，以及投资者的操作策略是比较相似的，支撑的位置都是股价回调整理的低点，传递的也都是加仓的信号。

不过，关键支撑价位线会随着价格的上升而不断变化，若股价低点能够一直保持上移，那么支撑线的位置也会上移。当某段时间内股价产生较大幅度的下跌，那么也很有可能在前期某条支撑线上停滞，完成整理后再开始下一段上涨。

需要注意的是，如果股价跌到前期某条支撑线上后没能继续上升，或是上升后无法跃过前期高点，转而跌破该价位线，就有可能是行情趋势发生了转变，熊市即将到来，这种情况下投资者就要及时撤离了。

下面来看一个具体的案例。

实例分析

金山办公（688111）：利用关键支撑价位线加仓解析

金山软件股份有限公司是中国领先的应用软件产品和服务供应商，也是国内办公软件领域龙头。公司产品线覆盖了桌面办公、信息安全、实用工具、游戏娱乐和行业应用等诸多领域，自主研发了适用于个人用户和企业级用户的 WPS Office、金山文档、稻壳儿和金山词霸等办公软件产品和服务等系列知名产品。

本案例就以金山办公为例，解析利用关键支撑价位线加仓的实际应用。

图 3-10 为金山办公 2020 年 1 月至 2021 年 9 月的 K 线图。

从图 3-10 中可以看到，在 2020 年 1 月到 3 月初，金山办公的股价涨速还是比较快的，但阶段最高价在靠近 300.00 元价位线后就受阻回落了。回落的低点在 200.00 元价位线附近，股价在此附近横盘了一段时间后就继续上升了。200.00 元价位线就是第一条支撑线，此处也是第一个比较明显的加仓点。

在回升初期，股价在 250.00 元价位线处受到了一定程度的阻碍，尝试数次后才于 5 月初将其彻底突破。不过突破后不久，股价又在 300.00 元价位线附近滞涨回落，回落的低点正好落在 250.00 元价位线附近，说明这是一条关键支撑线，再加上股价没有跌破该价位线的迹象，投资者可以在此加仓。

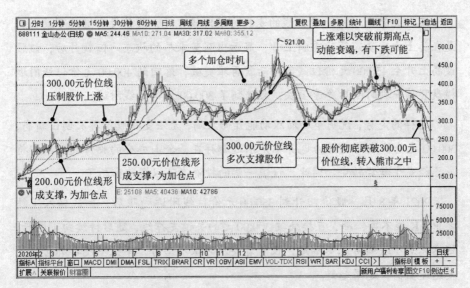

图 3-10　金山办公 2020 年 1 月至 2021 年 9 月的 K 线图

继续来看后面的走势。

6 月下旬，该股终于成功突破到了 300.00 元价位线以上，并在短时间内冲到了 450.00 元价位线下方，短期涨幅十分可观。不过，随着第二次上冲突破失败，股价很快便拐头进入下跌之中，一路回落到了 300.00 元价位线附近。

由此可见，300.00 元价位线是非常关键的一条支撑线和压力线，对金山办公的股价变化影响较大，投资者要特别关注这一条价位线。

从后续的走势可以看到，该股在该价位线上止跌后就进入了横盘之中，K 线长时间在 300.00 元到 350.00 元进行震荡。在暂时不明后市走势的情况下，建议投资者此时最好观望。

进入 12 月后，股价有了向上突破的迹象，一段时间后成功站到了横盘区间的上边线之上，开启了新的上涨走势，确定的加仓时点到来。

往后近一个月的时间内，该股持续上扬，最终于 2021 年 1 月成功突破 450.00 元价位线，并创出 521.00 元的新高。但很快，该股急转直下，迅速从高位跌落到 400.00 元价位线附近，横盘一段时间后继续下跌，直至再次落到 300.00 元价位线上。

不过此时 300.00 元价位线的支撑力还比较充足,股价没有继续下跌,而是在其上方反复震荡后重新上升,显示出涨势未尽的状态。但数月后,该股最高上升至 450.00 元价位线下方后就再难突破,落回到 400.00 元价位线附近横盘震荡一段时间后急速下跌,又跌到了 300.00 元价位线附近。

这样的走势,说明市场助涨动能开始衰竭,无法支撑股价再次创出新高,300.00 元价位线的支撑力也并不是永远都存在,金山办公的股价大概率即将或已经发生趋势转变。因此,谨慎一些的投资者可以提前出局了。

2021 年 8 月,股价回升到 350.00 元价位线附近受阻后,彻底转入下跌之中,K 线不再停滞,直接跌破 300.00 元的关键支撑线,随后持续向下运行。这意味着下跌趋势基本确定,投资者要及时认清形势,不仅不能再加仓,还要迅速撤离,越早越好。

3.2.4 龙头抬升顺势加仓

龙头抬升顺势加仓指的是投资者在龙头股中建仓后,等到股价开始拉升,顺势在拉升过程中择机再次买进,完成加仓。

这种加仓方式也是非常常见的,投资者无须刻意寻找低点或支撑线,也无须分析股价整理的时间长短,只需要在股价上涨的过程中直接买进即可。虽然这种方式可能会带来更高的持仓成本,但胜在简便易懂,耗时较短,适合无法将太多精力倾注在股市分析中的投资者。

下面来看一个具体的案例。

实例分析

长城汽车(601633):龙头抬升顺势加仓解析

长城汽车是国内 SUV 市场和皮卡市场的龙头,主营业务包括汽车及零部件设计、研发、生产、销售和服务,同时在氢能、太阳能等清洁能源领域进行全产业链布局,重点进行智能网联、智能驾驶和芯片等前瞻科技的研发和应用,旗下拥有哈弗、魏牌、欧拉、坦克及长城皮卡,以及面向纯电豪华市场的沙龙机甲科技品牌。

作为我国皮卡行业的领军企业，经过二十余年的发展，长城汽车在品牌形象、产品布局、技术研发、生产制造及渠道能力等方面相较于竞争对手具有明显的领先优势，龙头地位稳固。

本案例就以长城汽车为例，解析龙头抬升顺势加仓的实际应用。

图 3-11 为长城汽车 2020 年 6 月至 2021 年 11 月的 K 线图。

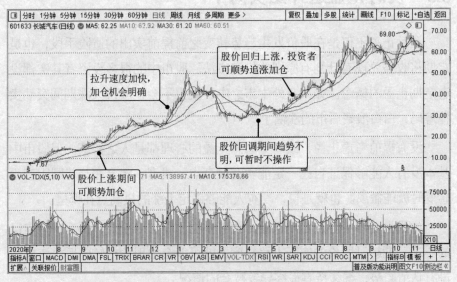

图 3-11 长城汽车 2020 年 6 月至 2021 年 11 月的 K 线图

从图 3-11 中可以看到，长城汽车在较长一段时间内都处于上升趋势之中，投资者建仓和加仓的机会非常多。

自 2020 年 7 月开始，该股脱离低位横盘的状态后开始迅速上升，投资者此时就可以抓紧时间建仓。在建仓完成之后，股价一直维持着上涨走势，期间的回调时间普遍不长，并且大多数都是横盘整理。这种情况下，投资者完全可以顺势在上升过程中加仓，买进成本不会增加太多。

到了 11 月，该股在 30.00 元价位线附近受阻后横盘时间稍长，不过股价上涨动能显然很充足，于 12 月中旬就成功突破到了该压力线之上，开启了一波速度较快的拉升，为投资者提供了明确的顺势加仓机会。

后续的回调拉升走势也是一样，当价格跌回 30.00 元价位线附近后，横盘期间投资者暂时无法判断回升时间，此时就可以暂时不进行操作。待到价格开始快速上涨，脱离横盘震荡区间时，投资者再顺势追涨加仓的安全性就要高一些了。

3.3 及时止盈避开龙头向下

及时止盈不仅是在股价发生趋势转变之前提前卖出的避险手段，也是定期将收益兑现有计划有原则的投资方法。股市中的很多投资者其实都没有定期止盈的概念。如果身处牛市之中，就更不会在股价大涨期间突然卖掉筹码，白白浪费后市的涨幅了。

没有提前考虑止盈，或者不愿意止盈的心理都是人之常情。但股市中基本没有人能够保证自己一定能卖在最高点，或者一定会在趋势刚刚产生转变时就能撤离。也就是说，没有人能够确定上涨的最高点在哪里。

如果投资者不愿意定期止盈，或者根据预警信号止盈，那么一旦自己的心理预期超过股价的实际上涨高度，就可能会出现价格转向后投资者还没有认清趋势，继续持有最终导致被套的情况。

由此可见，止盈的本质是规避风险，同时让投资者保持理性和冷静，进而赚取更多的收益。毕竟九次不及时止盈获得的额外收益，可能都抵不过一次判断失误被套造成的损失。本节就将针对及时止盈的技巧进行解析，帮助投资者提前将收益落袋。

3.3.1 浮动止盈策略的制定与执行

浮动止盈策略指的是在股价上涨过程中不断根据情况上调止盈位置，分批次、分高度止盈卖出筹码的策略。这种策略对于大部分投资者都比较适用，既能达到降低风险的目的，也能尽量扩大收益，不浪费后市的涨幅。

　　浮动止盈策略的具体操作方法其实很简单，在介入一只个股之前，投资者需要根据个股涨幅、涨速、上涨空间和上涨潜力等因素，事先确定第一条止盈线的位置，以及上调比率。

　　待到股价到达初始止盈线位置时，记作 A 点，如果后市还有继续上涨的趋势，投资者就在 A 点卖出一部分筹码，可以是半仓，也可以是 1/3 仓或 1/4 仓等，主要根据股价涨势来判断。

　　随后，投资者通过事先设置的上调比率确定 15% 和 20% 的位置，分别记作 B 点和 C 点。若股价跃过 B 点后还能上涨，就继续持有，当价格上涨至 C 点时，将止盈线上调至 B 点，只要价格没有回调至 B 点，就可以持有。直到股价上涨至又一阶段点位，即 25%（记作 D 点），随后继续上涨并成功跃过 30%（记作 E 点）的位置时，就可以将止盈线上调至 25%，以此类推，直到股价跌破当时的止盈线。图 3-12 为浮动止盈策略示意图。

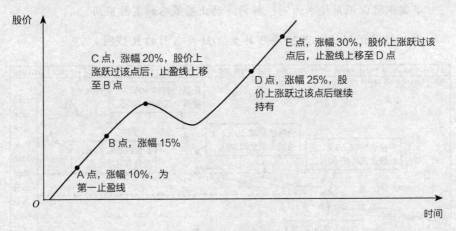

图 3-12　浮动止盈策略示意图

　　这种浮动止盈策略相信很多投资者都愿意采用，优势也比较明显，但它对分析能力要求较高，并且投资者需要花费的时间和精力也相对较多，这一点要注意取舍。

　　同时需要注意，止盈线的上调并不是永无止境、没有限制的，每次的上调比率可以适当调整，但不可频繁调整。如果投资者随意设置止盈幅度，看到涨势良好就大幅提高止盈，或者遇到一次回调就不顾止盈线是否被跌破而直接出局，浮动止盈的策略就失去了意义，变成投资者的自由操作了。

下面来看一个具体的案例。

实例分析

汇川技术（300124）：浮动止盈策略的制定与执行解析

汇川技术专注于工业自动化控制产品的研发、生产和销售，是我国高端设备制造商。公司业务布局多个领域，覆盖通用自动化、电梯电气大配套、新能源汽车电驱及电源系统、工业机器人和轨道交通牵引系统等。

公司在多个业务领域国内市场份额领先，截止到 2022 年上半年，公司通用伺服系统国内市占率为 21.6%，排名第一；低压变频器市占率为 14.8%，排名第三；小型 PLC 市占率为 10.7%，排名第二；新能源车电控产品市占率为 9.3%，排名第三。在工业自动化控制领域，汇川技术稳居龙头位置。

本案例就以汇川技术为例，解析浮动止盈策略的实际应用。

图 3-13 为汇川技术 2020 年 3 月至 2021 年 3 月的 K 线图。

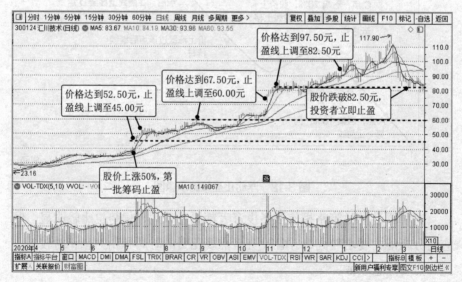

图 3-13 汇川技术 2020 年 3 月至 2021 年 3 月的 K 线图

从图 3-13 中可以看到，汇川技术的股价正处于积极上涨的牛市之中，中长期均线从始至终几乎都维持着对股价的支撑作用，若投资者想要参与其中，就可以根据股价的涨幅情况制定浮动止盈策略。

在 2020 年 3 月，该股正从相对低位向上运行，假设投资者以 25.00 元的价格买进，根据该股以往的涨幅，将初始止盈线设置为涨幅 50%，上调比率设置为 30%，那么第一次止盈的价格就是 37.50 元（25.00+25.00×50%）。

回到 K 线图中可以发现，股价从低位回升后在 35.00 元价位线附近横盘整理了近两个月的时间，于 6 月下旬继续上升，并在 6 月 30 日首次达到 37.50 元。此时投资者就可以将一部分筹码卖出止盈，仓位比例可自行选择。

很显然，股价后续依旧存在上涨空间，那么投资者就可以将止盈线上调，开始浮动止盈。首先要计算的是在 50% 的止盈幅度基础上上调两次后的价格，即上调至 80%（50%+30%）和 110%（50%+60%），价格分别为 45.00 元（25.00+25.00×80%）和 52.50 元（25.00+25.00×110%）。

也就是说，当股价跃过 45.00 元到达 52.50 元时，就可以正式将止盈线调整至 45.00 元。只要股价没有跌破 45.00 元，投资者就可以继续持有，并按照同样的方式继续上调止盈线。

下面回到 K 线图中继续观察，7 月初，该股就连续跳空高开跃过了 45.00 元价位线，并在随后数日内就达到了 52.50 元，迅速完成了止盈线的上调。

根据计算，再次上调两次后的价格，即上调至 140%（50%+90%）和 170%（50%+120%），价格分别为 60.00 元（25.00+25.00×140%）和 67.50 元（25.00+25.00×170%），下一次当股价跃过 60.00 元，到达 67.50 元时，就可以正式将止盈线调整至 60.00 元了。

股价在跃过 50.00 元价位线后，上涨速度减缓不少，但依旧能够在 30 日均线的支撑下上扬，于 8 月下旬成功接触到了 60.00 元价位线，不过很快就形成了小幅回调。10 月初，该股大幅收阳成功向上突破 60.00 元压力线，进入新一波上涨之中，并于 11 月初跃过了 67.50 元，届时止盈线上调至 60.00 元。

此时，投资者基本已经可以看出汇川技术的强势走牛迹象了，以往设置的上调比率相对较小，现在就可以考虑适当调整。假设将上调比率修改为 60%，根据计算，下一次当股价跃过 82.50 元（25.00+25.00×230%），到达

97.50 元（25.00+25.00×290%）时，就可以正式将止盈线调整至 82.50 元。

从 K 线图中可以看出，股价在跃过 67.50 元后没过几天就接触到了 82.50 元，可见调整比率是有意义的。在 80.00 元价位线以上横盘一段时间后，该股于 12 月初继续上升，在 2021 年 1 月初接触到了 97.50 元，此时止盈线上调至 82.50 元。

根据计算，下一次当股价跃过 112.50 元（25.00+25.00×350%），到达 127.50 元（25.00+25.00×410%）时，就可以正式将止盈线调整至 112.50 元。

从股价后续的走势可以看到，该股确实在持续的上涨中成功突破了 112.50 元，但在创出 117.90 元的新高后就迅速下跌。此时显然不能上调止盈线，那么当前的止盈线就是 82.50 元，投资者需要紧盯这一条线，一旦股价向下接触到 82.50 元，投资者就需要立即止盈。

3 月初，随着价格的持续下行，该股还是向下接触到了 82.50 元的止盈线，并且后续也没有形成回升走势。此时，投资者就需要严格执行止盈策略，迅速在 82.50 元附近卖出，将收益落袋。

回顾整段持股，投资者第一批筹码止盈的收益为 50%，但通过浮动止盈策略，另一批筹码的收益达到了 330%，并且也规避掉了下跌被套的风险，可见浮动止盈策略在牛市中的优势。

3.3.2　根据 K 线提前预警形态止盈

K 线提前预警形态指的是在行情顶部或阶段顶部形成的，能够在股价彻底下跌之前传递出卖出信号的特殊 K 线形态。

比较常见的有倒 V 形顶、双重顶、三重顶和头肩顶等构筑时间较长的筑顶形态，也有如黄昏之星、倾盆大雨和三只乌鸦挂树梢等多根 K 线组合的顶部形态。

这些 K 线形态大多在股价高位出现，并且其中不少都能提前发出预警信号，尤其是构筑时间偏长的筑顶形态，其信号要比 K 线组合形态可靠很多。比如头肩顶，它的形态比较有辨识度，只要投资者仔细观察，就有机会在形态成立的当时甚至之前就将其分辨出来，进而提前卖出，达到止盈目的，图 3-14 为头肩顶筑顶形态示意图。

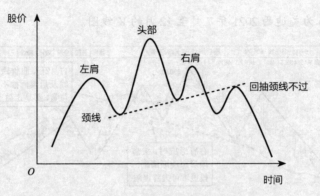

图 3-14　头肩顶筑顶形态示意图

之所以被称为头肩顶，正是因为该形态拥有明显的左右两肩和突出的头部。在三个波峰之间的两个低点就是决定形态是否能够成立的关键，将这两个低点相连，构筑出的直线叫作颈线。它是头肩顶形态的关键支撑线，只要股价后续跌破该支撑线，并回抽不过，就能够确定形态成立。形态的成立也就意味着筑顶完成，股价大概率会进入下跌之中。

对于投资者来说，在形态成立之前或是成立的当时及时发现，并果断决策、迅速止盈出局，是操作的关键。就算出局后股价依旧存在上涨空间，投资者也可以重新买进，而不至于在被套后忍痛卖出。

下面来看一个具体的案例。

实例分析
美迪西（688202）：根据头肩顶形态止盈解析

美迪西是一家专业的生物医药临床前综合研发服务 CRO（医药研发合同外包服务机构），为全球的医药企业和科研机构提供全方位的符合国内及国际申报标准的一站式新药研发服务。

公司的服务涵盖医药临床前新药研究的全过程，主要包括药物发现、药学研究及临床前研究，是国内能提供临床前一体化、一站式服务的 CRO 细分市场龙头之一。

本案例就以美迪西为例，解析头肩顶形态止盈的实际应用。

图 3-15 为美迪西 2021 年 7 月至 12 月的 K 线图。

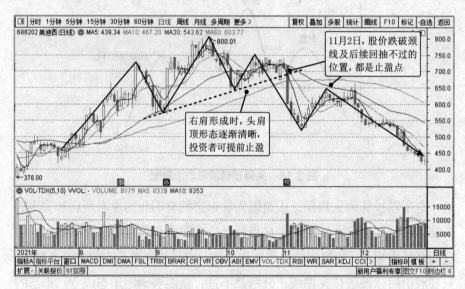

图 3-15　美迪西 2021 年 7 月至 12 月的 K 线图

在这段走势中，美迪西正处于涨跌趋势转变的过程中。从 2021 年 7 月下旬开始，该股从横盘整理中恢复过来，开始迅速向上攀升，直到 8 月底在 700.00 元价位线上方受阻后才再次回调整理，低点落在了 600.00 元价位线下方不远处。

在横盘数日后，美迪西的股价继续大幅上升，很快便于 9 月下旬创出了 800.01 元的新高。但在创新高之前，该股已经在 750.00 元价位线上方横盘了数日，这意味着上方压力较重，股价突破有困难，这一点从新高形成后价格就迅速下跌也可以看出。

在后续的走势中，该股跌至 650.00 元价位线附近止跌，横盘数日后再度上升。此时，细心的投资者可能已经发现了头肩顶形态的雏形，即 8 月下旬的左肩、9 月下旬的头部及两个波谷都已经出现，只剩最后一个右肩和颈线被跌破，头肩顶形态就可以成立。再加上股价在头部上涨困难的表现，谨慎的投资者已经可以在股价构筑右肩的过程中借高止盈卖出了。

10 月，该股回升至 700.00 元价位线以上后，就长时间在 700.00 元到 750.00 元进行横向运行，股价连横盘区间的上边线都难以突破，更别说上涨至更高的位置了，市场助涨动能衰减趋势明显。

11 月 2 日，股价小幅高开后迅速低走，盘中持续下滑，最终以 599.01 元的价格收出一根跌幅达到 15.45% 的大阴线，彻底跌破了颈线的支撑，头肩顶形态成立，向投资者发出了强烈的卖出信号。此时，还在观望的投资者就不应再惜售了，迅速止盈卖出才能够尽量保住收益。

从后续的走势可以看到，该股一直跌到 550.00 元价位线以下才止跌回升，并且回升的高点也才刚刚接触到了 650.00 元价位线，距离颈线相差甚远。这说明市场中抛压较重，看跌情绪浓厚，多方无力再支撑股价上涨，后续进入下跌行情的可能性较大，此时还未离场的投资者最好尽快借助这一高点止盈。

3.3.3　量价关系变动提示止盈

量价关系的变动提示止盈的位置，主要集中在股价的高位，比如上涨阶段的顶部、行情顶部和下跌趋势中的反弹顶部等。

根据量价理论，成交量与股价之间的关系大致有九种，分别是量增价涨、量缩价跌、量平价平、量增价跌、量增价平、量缩价涨、量缩价平、量平价涨及量平价跌。

这九种量价关系出现在不同的位置时，传递出的信号也各不相同。其中几种若能够在股价高位形成，就能够为投资者提供提前预警的止盈信号，包括量增价平、量增价跌、量缩价涨、量缩价平及量平价涨，具体原因和含义见表 3-1。

表 3-1　股价高位几种量价关系的含义

量价关系	含　义
量增价平	成交量放大，市场活跃度上涨的同时，股价却未产生太大的波动，或者是没有出现明显的方向性变化，意味着虽然场内交投活跃，但多空双方暂时维持住了稳定的趋势。但由于量能一直在上涨，多空双方角逐依旧激烈，变盘将很快到来。股价高位量增价平的变盘，就大概率是向下跌变盘了

量价关系	含　义
量增价跌	成交量的放大意味着交易量的增加，买卖盘都十分活跃。而股价在此时非但没有上涨，反而形成下跌，这就说明卖盘更为急切，价格竞争十分激烈，卖方宁愿压价也要快速占据优势地位，将筹码卖出。 量增价跌出现在股价高位的原因主要有三种： ①股价在经历长时间上涨后出现了回调，导致短期获利盘抛盘兑利。 ②股价在上涨至高位后陡然下跌，造成恐慌，导致场内投资者不顾一切地想逃离。 ③在下跌过程中股价的反弹结束后，解套和抢反弹的投资者纷纷离场
量缩价涨	股价涨势良好，但市场的追涨激情不高，可能是因为价格在短时间内过度上涨，或是当前已经处于非常高的位置，此时买进将会大大提高投资者的持仓成本，还可能面临被套的风险。 　　在失去买盘推涨动力的情况下，股价的上涨很难维持太长时间，一旦某一时刻出现下跌迹象，买盘更不愿意接盘，卖盘又急于出手，成交价格就可能会一降再降，行情转入下跌
量缩价平	买卖盘出于各种原因减少挂单量，进而降低了交易量，市场缺乏上推动力，买卖双方互相制衡，当量能缩减到某种程度，股价就有可能向下变盘，导致行情转向
量平价涨	市场追涨激情平息，反映出买盘由于买进成本高、风险高的原因减少挂单量，卖盘惜售的同时也在减少卖单量。但市场中还有主力或其他投资机构需要兑利，为了提高利润空间，主力可能会持续拉升股价，到达预定位置大批出货后，股价可能会急转直下

　　在股价高位形成的这些量价关系，有些会在股价仍旧上涨的过程中发出动能不足的信号，有些会在股价滞涨期间发出突破困难的信号，有些则会在股价转向后发出趋势转向的信号。

　　下面来看一个具体的案例。

实例分析

抚顺特钢（600399）：高位量缩价涨止盈解析

　　抚顺特钢是中国最早的特殊钢企业之一，作为我国军工配套材料重要的研发和生产基地，抚顺特钢是国防科工局列入民口配套核心骨干单位名录的重要特钢企业，被誉为"中国特殊钢的摇篮"，在核电特种钢材、变形高温合金、军工用钢等细分行业属于当之无愧的龙头企业。

　　本案例就以抚顺特钢为例，解析高位量缩价涨止盈的实际应用。

图 3-16 为抚顺特钢 2021 年 6 月至 11 月的 K 线图。

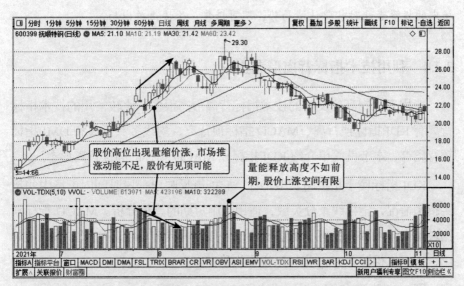

图 3-16 抚顺特钢 2021 年 6 月至 11 月的 K 线图

从图 3-16 中可以看到，在 2021 年 6 月到 7 月，抚顺特钢的股价长时间保持着上涨，两条中长期均线承托在 K 线下方形成强力支撑。在这段时间内，成交量与股价之间还未出现明显的异常情况。

但到了 7 月底，该股出现了一次短时间的快速回调后，成交量量能就出现了持续的下滑。反观股价，却在 10 日均线的支撑下迅速上行，一路从 21.00 元价位线附近上涨至 27.00 元价位线左右。

股价的短期涨幅虽然可观，但与缩减的成交量结合起来，释放出的信号就不是那么乐观了。量缩价涨大概率是买方推动力衰竭的表现，后市可能即将迎来回调或见顶下跌，谨慎的投资者此时就可以借高止盈了。

从后续的走势也可以看到，该股在 27.00 元价位线附近受压滞涨数日后，就形成了一次幅度较深的回调，价格跌至 24.00 元价位线附近才止跌。虽然后续股价继续创新高，但量能上升的幅度都没能超过 7 月初时的高度，并且股价创出新高的当天就冲高回落了，上涨困难的状态更为明显。

在此之后，该股反复在 28.00 元价位线以下震荡并试图突破，但始终未能成功，成交量在这段时间内也明显缩减，难以为股价突破压力线提供支撑。场内的投资者此时就要认清局势，不再惜售，尽快止盈出局。

3.3.4　利用技术指标背离形态止盈

能用来预判高位反转的技术指标背离形态很多，比较常用的技术指标背离有 KDJ 指标顶背离、MACD 指标顶背离、均线多头背离和 DMI 指标顶背离等，本节就简单介绍 KDJ 指标和 MACD 指标的高位背离形态。

KDJ 指标属于超买超卖型指标，它能够反映出一段时间内市场中的超买超卖情况，指标线十分灵敏，适用于中短期的趋势分析。MACD 指标则比较偏向于均线型指标，能够反映出一段时间内市场中多空双方的力量对比，指标线相较于 KDJ 指标来说更为稳定。

图 3-17 为 K 线图的 KDJ 指标和 MACD 指标。

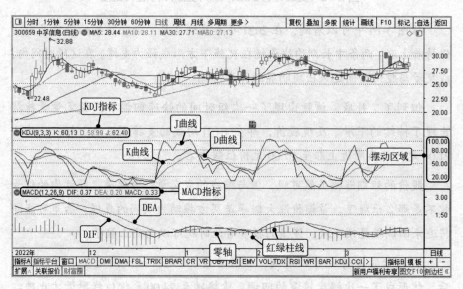

图 3-17　K 线图的 KDJ 指标和 MACD 指标

KDJ 指标有 K 曲线、D 曲线和 J 曲线三条指标线，以及三大摆动区域，分别是 0 ~ 20 的超卖区、20 ~ 80 的正常运行区域及 80 ~ 100 的超买区；MACD 指标有 DIF 和 DEA 两条指标线、一条区分多空市场的零轴及在零轴附近波动的红绿柱线。

二者的顶背离形态十分相似，都是在股价高点上升的同时，指标线高点却出现下移。技术指标在股价高位提前下行，说明市场风向已经发生了转变，股价的上涨只是暂时的，待到最后一波冲势消耗殆尽，价格大概率会转向下跌，至于是深度回调还是彻底下跌，还要根据实际来分析。

由于 KDJ 指标和 MACD 指标与股价产生背离时，行情还未发生转变，投资者的收益也没有缩减，因此是一个很好的止盈时机。一般来说，这两个指标的背离形态是单独使用的，但如果某段时间内二者同时与股价产生了顶背离，那么止盈信号将会更加强烈和可靠。

下面来看一个具体的案例。

实例分析

大金重工（002487）：KDJ 指标和 MACD 指标同步顶背离止盈解析

大金重工是全球最大的风电塔架和海上风电管桩基础装备供应和服务商，也是国内风电塔筒行业的首家上市公司。经过 20 年的行业深耕，大金重工已经稳居全球风电装备制造产业第一梯队。

此外，公司在其他如新能源投资开发、风电产业园投资运营等产业链纵深的战略布局也在有序推进壮大。随着中国及世界风电新能源产业政策的拐点，新能源装备制造成了高景气度发展的细分行业，高度利好公司的发展。

图 3-18 为大金重工 2021 年 9 月至 2022 年 1 月的 K 线图。

在大金重工的这段走势中，股价正在经历趋势的转变，而在趋势真正发生转变之前，KDJ 指标和 MACD 指标已经发出了预警。

2021 年 9 月到 10 月，大金重工的股价涨势比较稳定，KDJ 指标和 MACD 指标都运行到了比较高的位置。10 月底时，股价成功突破 30.00 元价位线的压制继续上行，带动 KDJ 指标和 MACD 指标再次上扬。

但在价格突破 40.00 元价位线并上涨的过程中，KDJ 指标的高点出现了明显的下移，初步形成了顶背离的形态。尽管此时 MACD 指标线还在上扬，但提前预警的信号已经发出，投资者需要高度警惕。

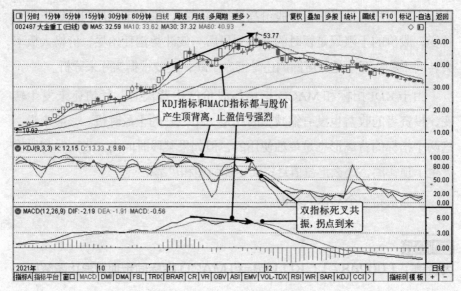

图3-18　大金重工2021年9月至2022年1月的 K 线图

继续来看后面的走势。随着股价高点的持续上扬，KDJ 指标高点下移的趋势越来越明显，MACD 指标也在 11 月下旬与股价形成了明确的顶背离形态。两个指标在同一时期传递出的双重止盈信号相当强烈，谨慎的投资者需要在股价产生下跌之前迅速借高止盈，保住收益。

11 月底，该股上涨至 50.00 元价位线附近后再次遇阻，并且随后就出现了下跌。同一时间，KDJ 指标和 MACD 指标都向下形成了死亡交叉，说明拐点已经到来，此时还未离场的投资者要抓紧时间了。

3.4　龙埋首后的被套止损技巧

在行情发生转变之前及时止盈固然能够保住收益，但在很多时候，投资者可能会在下跌趋势形成后，才能意识到自己错失了最佳卖点。此时，依靠前期涨幅还能保住一定收益的投资者需要止盈，但当股价短期跌幅过大，或者持股成本过高，已经造成损失的投资者，就要寻找机会止损撤离了。

3.4.1　提前设置止损线的重要性

止损线和止盈线一样，都是需要提前设置的，它是防止投资者做出不理性操作的工具。不过，止损线基本没有浮动的必要，毕竟损失已经造成，尽快借高撤离才是大多数投资者希望做的选择。

一般来说，止损线会根据投资者自身风险承受能力和投资策略、个股涨跌情况等因素来设置。许多中长线投资者的止损线一般都设置得比较高，目的是不受股价上涨期间的回调影响，当然风险承受能力较强也是关键因素；而许多短线投资者和部分中线投资者的止损线就设置得比较低了，目的是在波段操作中尽量降低判断失误带来的被套风险。

止损线与止盈线类似，一旦设置完成后就不可轻易改变。就算投资者判断出股价在深度回调后还有上涨空间，但只要止损线被跌破，就需要严格执行策略，将筹码抛售。如果股价确实还能继续上涨，重新买进即可，但也要重新设置止损线。

需要注意的是，止损线应当是投资者控制风险的最后一道防线，而不是指导投资者何时卖出的标准。既然已经遭受了损失，不尽快卖出，非要等到止损线被跌破才出局，实在没有必要。除非投资者高度看好后市，希望股价在触及自己的止损线之前就能止跌回升，这种情况下投资者等到止损线被跌破才出局，也是在情理之中的。

下面来看一个具体的案例。

实例分析

科士达（002518）：提前设置止损线的应用解析

科士达专攻数据中心产品、光伏新能源产品、电动汽车充电桩产品和储能产品的研发制造等领域，自主研发生产的数据中心关键基础设施产品、新能源光伏发电系统产品、储能系统产品、电动汽车充电桩产品技术处于行业领先水平，一体化解决方案广泛应用于各行业领域。

截至2022年，公司连续21年蝉联中国UPS销量本土品牌第一，现已成长为国内数据中心行业及电力电子行业双龙头。除此之外，公司各项业务的海外市场销售收入同比大幅增长，稳固龙头地位的同时也踏上了世界的舞台。

本案例就以科士达为例，解析提前设置止损线的实际应用。

图3-19为科士达2021年6月至2022年4月的K线图。

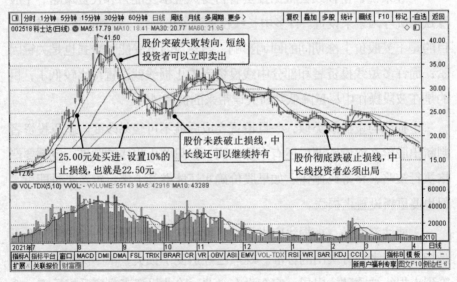

图3-19 科士达2021年6月至2022年4月的K线图

在科士达2021年6月到8月上旬，股价的涨势非常稳定和持续，很少形成明显的回调走势，均线组合长期呈现出短期均线在上、中长期均线在下的多头排列，支撑着股价上涨。

在此期间，追涨的投资者数不胜数，有在低位就迅速跟进的，也有在股价运行到高位才发现并追高买进的。现在假设投资者在7月下旬才发现科士达进入了牛市，于是借助股价回调的契机，以25.00元的价格买进一批筹码，将止损线设置为10%，随后持股待涨。

该股上涨至 41.50 元后就再也未能突破这一高点，在多次尝试失败后无奈下跌。如果是短线投资者，此时就应该及时卖出兑现利润了，而非等待股价下跌靠近止损线；如果是高度看好科士达成长性的中长线投资者，此时就可以继续观望。

根据计算，投资者的买入成本价为 25.00 元，那么止损价位线就应该是 22.50 元（25.00×90%），只要股价没有跌破该价位线，中长线投资者就可以不予理会。

9 月中旬，该股跌至 25.00 元价位线附近后终于止跌，随后进入横盘之中。此时，股价已经接触到了投资者的买进价，偶尔的跌破还会给投资者造成一定的损失，但好在一直没有继续向下跌破止损线的迹象。

10 月初，股价再度上涨，但一段时间后就可以发现，35.00 元价位线对其形成了较强的压制，该股在其下方震荡了许久都没能成功突破，最终于 11 月中旬拐头向下，进入下跌之中。

此时，观望中的中长线投资者就要重新调整对科士达的预期了，毕竟突破高点失败后继续下跌的走势确实很不乐观。

谨慎一些的中长线投资者在 30.00 元价位线附近就会出局；对科士达未来走势仍抱有希望的投资者可能依旧希望坚守，但在 2022 年 1 月股价跌破 22.50 元，也就是前期设置的止损线时，投资者再遗憾也得抛盘离场了。

3.4.2 根据 K 线整理形态止损

投资者已经了解了利用 K 线形态止盈，大多都是筑顶形态，而利用 K 线形态止损，则多数需要依靠整理形态。

K 线的整理形态包括等腰三角形、下降三角形、矩形、下降旗形及上升楔形等，都是在下跌行情的整理过程中，或是反弹过程中形成的中继形态，虽然无法预示后市上涨，但能够为被套的投资者提供止损的机会。

其中比较常见的是等腰三角形形态、下降三角形形态和矩形形态，图 3-20 为等腰三角形、下降三角形、矩形示意图。

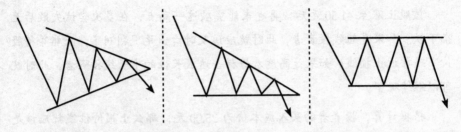

图 3-20　等腰三角形（左）、下降三角形（中）和矩形（右）示意图

等腰三角形指的是股价在整理过程中，高点不断下移，低点接连上移，分别将高低点连线，形成的一个类似于等腰三角形的整理形态。

下降三角形则是股价的高点下移，低点处于相近的水平线上，分别连接形成的类似直角三角形的整理形态。

矩形就很简单了，是由股价在一段横盘区间内上下震荡形成的。

这三种整理形态都是比较常用的，并且含义也很明显，即下跌行情中多方加大反抗力度，使得价格跌速有所减缓，形成整理。一般来说，只要不出现在筑底阶段或是关键拐点处，整理形态完成后，股价大概率还是会回归下跌之中的。

因此，投资者切不可轻易将短暂的反弹当作上涨行情入场，尤其是已经被套的投资者，反而需要借助整理形态的高点尽快止损出局。

下面来看一个具体的案例。

实例分析
联泓新科（003022）：等腰三角形止损的应用解析

联泓新材料科技股份有限公司是一家新材料产品和解决方案供应商，专注于先进高分子材料和特种精细材料的生产、研发与销售，是高新技术企业、国家级"绿色工厂"。

公司产品广泛应用于光伏、线缆、鞋材、塑料、日化、纺织、建筑、路桥、皮革、涂料、农化和金属加工等领域，多个产品在细分市场份额领先。尤其是在 EVA（乙烯－醋酸乙烯共聚物）领域，公司已经成为具备一体化产业链的光伏级 EVA 龙头。

本案例就以联泓新科为例，解析等腰三角形止损的实际应用。

图 3-21 为联泓新科 2022 年 7 月至 12 月的 K 线图。

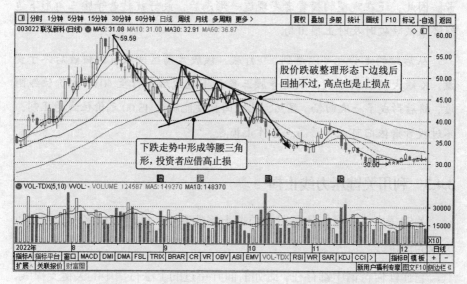

图 3-21　联泓新科 2022 年 7 月至 12 月的 K 线图

从图 3-21 中可以看到，联泓新科在 2022 年 7 月到 8 月初还处于上涨阶段，并且涨势十分稳定，均线组合呈多头排列向上运行。在此期间，许多投资者陆续追涨入场，买入成本有高有低。

8 月上旬，该股跃过 55.00 元价位线后，在 60.00 元价位线附近受到阻碍滞涨，在 55.00 元到 60.00 元横盘数日后创出 59.59 元的新高，最终还是难以突破压力线，无奈转入下跌之中。

正如股价前期的上涨走势一般，此次下跌的速度也比较快，到了 8 月底时，该股已经跌到了 40.00 元价位线附近，跌幅接近 33%。此时，一些买入成本较高的投资者可能已经遭受损失了，但由于不清楚后市还能否上涨，部分投资者依旧不打算轻易卖出。

9 月初，该股在 40.00 元价位线上得到支撑后开始快速收阳回升，短时间内涨速极快，股价迅速冲到了 52.50 元价位线附近，但此后就转而收阴下跌，一直跌到 42.50 元价位线附近才止跌，并开始了又一波回升。

就这样，该股重复着涨跌震荡走势，震荡区间逐步收窄，将高点与高点、低点与低点相连，就能得到一个明显的等腰三角形图像。

在股价转向后形成整理形态，大概率释放的是暂时反弹后继续下跌的信号。因此，还在观望的投资者发现这一形态后，最好就趁着等腰三角形下边线还未被跌破时及时止损出局。

从后续的走势也可以看到，9月底，该股震荡区间收窄到极致后终于变盘，K线大幅收阴下跌，跌破等腰三角形下边线后下行至40.00元价位线附近，随后形成了一次回抽。显然，此次回抽没能跌过45.00元价位线的压制，不过投资者依旧可以将该高点当作止损点。

3.4.3　利用关键压力线止损

关键压力线一般指的是股价前期上涨的高点，或者股价多次尝试突破失败的价位线。

它在任何行情中都存在，比如前面介绍过的上涨行情中的关键支撑线，就是压力线被突破后形成的。而在下跌行情中的关键压力线，除了前期高点以外，也有可能是关键支撑线被跌破后形成的，比如等腰三角形的下边线，在整理过程中它是助力K线低点上升的支撑线，当其被跌破后，股价回抽就会受到其压制。

因此，投资者完全可以借助下跌行情中的关键压力线来止损，当股价反弹到压力线附近时迅速卖出即可。当然，距离股价顶峰越近的压力线，止损效果越好，如果股价反弹幅度够大，还有可能帮助投资者反亏为盈。

下面来看一个具体的案例。

实例分析

TCL 科技（000100）：利用关键压力线止损的应用解析

TCL集团股份有限公司是一家从事家电、信息、通信、电工产品研发、生产及销售，集技、工、贸于一体的特大型国有控股企业，主营业务包括半导体显示产品及材料的研发、生产和销售及产业金融、投资及创投业务。其中新能源光伏及半导体材料占公司利润比例约 70.11%（2022 年数据），助力 TCL 科技成为全球半导体显示龙头之一。

本案例就以 TCL 科技为例，解析利用关键压力线止损的实际应用。

图 3-22 为 TCL 科技 2021 年 1 月至 10 月的 K 线图。

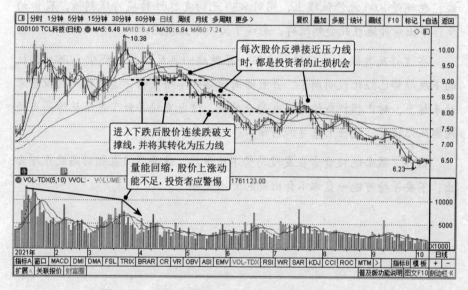

图 3-22　TCL 科技 2021 年 1 月至 10 月的 K 线图

在 TCL 科技的这段走势中，股价先是在 2021 年 1 月于 10.00 元价位线附近受到阻碍，但该压力线在下一波的上涨中成功被突破了，尽管并非彻底突破，但股价也创出了 10.38 元的新高。不过这也意味着 TCL 科技的上涨动能不足，这一点从成交量量能相较于前期的缩减也可以看出。

在创出新高后的次日，股价就收阴下跌了，在 9.00 元价位线上得到支撑后小幅回升，但在失去成交量支撑的情况下，股价没能突破前期高点，在跃过 9.50 元价位线后就再次下跌了。

此时，部分警惕的投资者应该已经意识到该股可能面临的下跌趋势了，于是在回升高点迅速止盈卖出。但还有很多投资者依旧看好 TCL 科技，任其发展，并不打算轻易卖出。

4月初，该股很快跌破了 9.00 元的支撑线，来到 8.50 元价位线附近，止跌后再次反弹，但反弹高点在 9.00 元价位线上受到了压制。这意味着这条原本的支撑线已经转变为压力线，阻碍着股价的上涨，TCL 科技已经转向下跌的信号也更明显了，投资者此时就要尽快反应过来，迅速借高止损。

在后续的走势中，该股很快又跌破了 8.50 元的支撑线，落到下一条支撑线，也就是 8.00 元价位线上，同时 8.50 元的支撑性转换为压制性，股价的反弹不出意外地在此受到阻碍，形成了又一个止损点。

在这样反复跌破→反弹→受阻→再跌破→再反弹的过程中，TCL 科技的下跌趋势已经比较明朗了。并且随着价格的不断下行，遭受损失的投资者越来越多，对止损机会的需求也越来越大，这也直接导致了每个反弹高点处的抛压比较大，股价上涨更加困难。

因此，被套的投资者在发现局势不乐观后，就要尽快在相对高处止损卖出，不要等待可能一直都不会出现的大幅反弹。

第4章

跟紧龙抬头：抓住拉升起始

追涨龙头股的关键是在合适的时机抓住龙头股的起涨点，以尽量低的成本，买进高潜力上涨牛股，以便扩大获益空间。那么，捕获起涨点的技巧就很重要了，尤其是技术面的分析技巧，如K线筑底形态、预示拉升的量价形态等，投资者需要重点掌握。

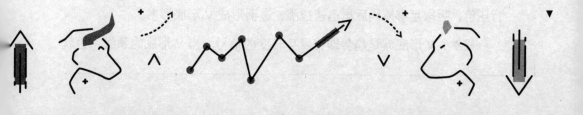

4.1 从 K 线中分析龙抬头时机

龙头股拉升的时机主要出现在两处，一处是从行情底部筑底回升的位置，另一处则是整理阶段结束后向上突破的位置。这两种位置对应的 K 线形态也有所不同，前者适用的是筑底形态，后者适用的则是整理形态。

K 线的筑底形态与筑顶形态对应，主要包括 V 形底、双重底、头肩底及金足底等，都是构筑时间相对较长，买入信号相对可靠的 K 线形态。

而投资者也已经了解过了整理形态，上升行情中的整理形态主要有等腰三角形、上升三角形、矩形、下降旗形及下降楔形等。整理形态的突破，也是龙头股进入拉升的关键标志。

4.1.1 V 形底转折剧烈

V 形底指的是在下跌趋势的末期，股价某一时刻突然加速下跌，跌至某一价位线上后并未停留太久，很快又急速拉升拐头向上，形成了一个形似字母 "V" 的形态，图 4-1 为 V 形底示意图。

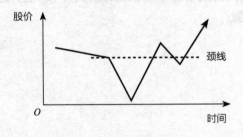

图 4-1 V 形底示意图

V 形底是筑底形态中构筑时间偏短的一种，毕竟股价的急跌急涨很难维持太久。至于为什么在下跌趋势的末期还会出现急速下跌，原因主要和主力的建仓有关，在越低的位置买进，持股成本就会越低，自然后市拉升起来主力能够获得的收益就越高。因此，很多主力都会选择在拉升之前先行压价，吸取足够筹码后再迅速拉涨，进而形成 V 形底形态。

显然，V 形底就是趋势即将发生转变的信号。当 V 形底的颈线，也就是刚开始急速下跌的位置被突破后，形态宣告成立，投资者就可以择机试探性地建仓了。

不过需要注意的是，有时候股价在突破 V 形底的颈线后会回调整理一段时间，回调的幅度可大可小，但只要不跌破前期低点，上涨趋势就还能确定。谨慎的投资者可以在股价回调结束后再次上涨的时候买进，避免因判断失误导致的被套风险。

下面来看一个具体的案例。

实例分析

数据港（603881）：V 形底买入时机分析

数据港是上海市静安区国资委投资控股的国有数据中心企业，营业模式以高毛利批发型数据中心为主，零售型数据中心为辅。经过多年的发展，数据港的多项云计算数据中心核心技术指标已经可以比肩亚马逊、谷歌、微软等全球云计算产业巨头，在云计算数据中心技术领域具备国际先进水平，是我国云计算行业龙头之一。

本案例就以数据港为例，为投资者分析 V 形底追龙头的应用方法。

图 4-2 为数据港 2018 年 7 月至 2019 年 3 月的 K 线图。

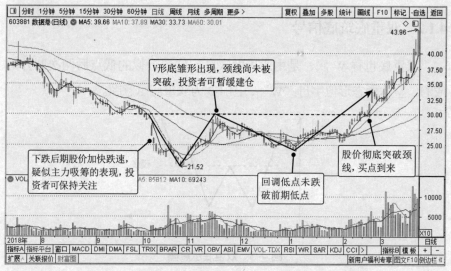

图 4-2　数据港 2018 年 7 月至 2019 年 3 月的 K 线图

从图 4-2 中可以看到，数据港的股价在 2018 年 7 月到 9 月的大部分时间内都处于下跌状态，只是在 9 月上旬时，股价在 30.00 元价位线附近得到支撑后横盘震荡了一段时间。

10 月初，该股横盘结束开始下跌，在跌破该价位线后跌速明显加快，K 线连续向下跳空收阴，短短数日内就跌到了 25.00 元价位线以下。同时，成交量量能也在这几日内有所扩大，疑似是主力在购入筹码，投资者发现异常后可对其保持关注。

10 月下旬，该股创出 21.52 元的新低后迅速回升，很快便来到了接近 30.00 元价位线的位置，但短时间内没有突破。此时，V 形底的雏形已经很明显了，30.00 元就是形态的颈线。不过股价暂时没有彻底突破颈线，而是出现了回调，说明拉升还未到来，投资者可以保持观望，不着急入场。

2019 年 1 月，该股跌至 25.00 元价位线附近横盘，到末期后开始回升并靠近颈线，期间股价有过冲高的尝试，但还未接触到颈线就回落了。2 月初，该股稍加整理后再次上冲，这一次无论是成交量量能还是涨势都明显比前期积极，股价成功于 2 月中旬突破了颈线。

此时，V 形底的形态才算彻底成立，买入信号也变得强烈起来，一直持币保持观望的投资者也可以择机买进建仓了。

4.1.2　双重底筑底信号

双重底也称 W 底，是由股价两次跌到位置近似的低点后两次回升形成的，整体形态形似字母"W"，图 4-3 为双重底示意图。

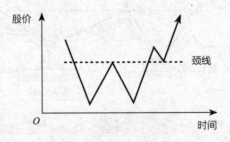

图 4-3　双重底示意图

双重底也有颈线，就是股价第一次回升的高点延伸而出的水平线，只要股价第二次回升能够彻底突破这条关键压力线，形态就能够成立，进而发出与 V 形底近似的买入信号。

双重底形态的构筑时间是有要求的，两个底部之间最好相隔一个月以上，才能保证形态的有效性。毕竟在下跌过程中，股价维持在某一支撑线附近震荡的状态十分常见，这样的形态要求是为了避免误判。

双重底的买入时机一般认为是在颈线被突破的位置，不过很多经验丰富、操作大胆的投资者，很可能在形态还未构筑完全时就确定了筑底信号，进而提前在更低的位置买进。这种操作方式可以，但是比较激进，风险也比较大，经验不足的投资者最好在稳健一些的位置建仓。

下面来看一个具体的案例。

实例分析

顺灏股份（002565）：双重底买入时机分析

顺灏股份产业以环保包装新材料为龙头，以新型烟草制品和工业大麻为两翼，业务板块清晰呈现环保包装新材料、印刷品、新型烟草和非烟草不燃制品、有机生物农业及工业大麻五大产业链。公司的研发中心被评定为中国包装行业国家级技术中心，主营产品的市场占有率达 15%，是环保包装行业的龙头企业之一。

本案例就以顺灏股份为例，为投资者分析双重底的应用方法。

图 4-4 为顺灏股份 2018 年 8 月至 2019 年 2 月的 K 线图。

在顺灏股份的这段走势中，2018 年 8 月到 9 月的股价走势还是比较低迷的，整体在均线组合的压制下缓慢向下运行，量能也压缩得比较低。

10 月初，该股小幅上冲，接触到 60 日均线后迅速拐头向下，一路跌至 3.50 元价位线附近后止跌回升。股价回升的速度虽然比较慢，但持续性较好，最终于 11 月底在 4.50 元价位线附近受阻，随后再次向下跌落。

和前期上涨的速度一样，股价下滑的速度也很缓和，一直跌到与前期低点相近的低点附近时，已经是 12 月底了。在进入 2019 年 1 月后，该股逐步形成上涨走势。这时，部分投资者可能已经发现了双重底正在构筑，于是打算趁着涨幅不大之际提前建仓。

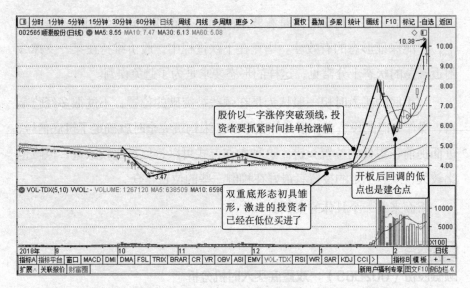

图 4-4　顺灏股份 2018 年 8 月至 2019 年 2 月的 K 线图

继续来看后面的走势。1 月中旬，该股愈发向上靠近了 4.50 元价位线附近的颈线，就在投资者认为它会逐步上涨突破时，该股突然以一根向上跳空的一字涨停突破了颈线，并且在后续数日内接连涨停，急速将价格拉升到了高位。

尽管此时的双重底形态已经成立，股价的上涨趋势也非常确定了，但由于一字涨停的特殊性，投资者很难在连续一字涨停期间挂单买进，不过努力尝试还是有机会的，即尽早挂单，争取排在前面交易。

1 月下旬，该股终于打开了涨停板，大量获利盘涌出，导致股价很快出现了幅度较深的回调。不过，价格最终还是在多方的推动下于 5.50 元价位线上方稳住，并再次形成上涨迹象。

此时，始终没能在前期的一字涨停期间找到机会的投资者，就可以抓住时机在这一回调低位买进，抓住龙头股的起涨点，扩大收益。

4.1.3　头肩底逐步回升

头肩底也属于筑底形态，它的技术形态相较于 V 形底和双重底来说更为复杂，由两个肩部和一个头部构成，与第 3 章介绍过的头肩顶形态相对应，图 4-5 为头肩底示意图。

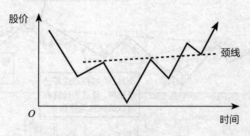

图 4-5　头肩底示意图

头肩底的颈线就是股价回升的两个高点的连线，当股价回升突破该压力线，形态就可以成立，这时的买入信号也最强烈。

与双重底一样，投资者也可以在头肩底的构筑过程中就抓住机会建仓，但一定要注意风险。若是判断失误，股价回归下跌轨道之中，投资者就要迅速止损出局，避免深度被套。

下面来看一个具体的案例。

实例分析
安科瑞（300286）：头肩底买入时机分析

安科瑞是一家为企业微电网能效管理和用能安全提供解决方案的高新技术企业和软件企业，公司聚焦用户侧能效系统和能源互联网，具备从云平台软件到终端元器件的一站式服务能力，形成了"云－边－端"的能源互联网生态体系。

公司现有各类云平台及系统解决方案涵盖电力、环保、消防、新能源、数据中心、智能楼宇、交通、市政工程等多个领域，同时注重研发投入，现有各类专利及软件著作权 500 多项，是竞争力较强的微电网系统龙头。

本案例就以安科瑞为例，为投资者分析头肩底的应用方法。

图 4-6 为安科瑞 2018 年 7 月至 2019 年 3 月的 K 线图。

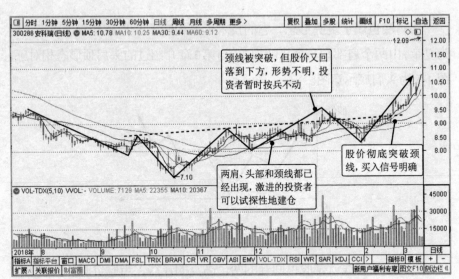

图 4-6　安科瑞 2018 年 7 月至 2019 年 3 月的 K 线图

从图 4-6 中可以看到，安科瑞的股价在 2018 年 7 月下旬还维持在 9.50 元价位线附近横盘整理，进入 8 月后 K 线迅速收阴，股价回到下跌轨道之中。

9 月中旬，该股在 8.00 元价位线附近止跌后，小幅回升至 8.50 元价位线附近，形成了一个低点。随后不久，股价再次下跌，并于 10 月中旬创出 7.10 元的新低后重新上涨，形成第二个低点。

11 月中旬，股价上涨至接近 9.00 元价位线附近后滞涨回落，低点在接触到 60 日均线后就得到支撑，回升到较高的位置震荡，形成了第三个低点。此时，头肩底的形态已经比较明显了，只剩最后一步的颈线突破，激进的投资者可以试探性地在相对低位建仓。

进入 2019 年 1 月后，K 线几次大幅收阳后终于成功突破到了颈线之上，但在其附近滞涨一段时间后，股价又跌回了颈线之下，头肩底形态没有彻底形成，投资者可以再等待一段时间。

1 月底，股价跌至 8.00 元价位线上方后止跌回升，此次回升的涨势依旧比较缓和，但价格在反复尝试后成功突破到了颈线之上，完成了头肩底的构筑，向投资者传递了明显的买入信号。

4.1.4 金足底趋势转向

金足底也是 K 线的筑底形态，不过与前面的几种形态稍显不同的是，金足底需要将 K 线和长周期均线结合起来分析。该形态由于形似人足而得名，包括足跟、足掌、足背和足尖四大关键部分，图 4-7 为金足底示意图。

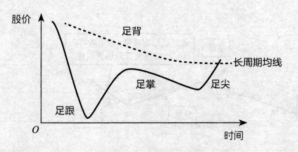

图 4-7 金足底示意图

单从股价的走势来看，投资者会发现金足底的股价走势与 V 形底比较相像，都是股价急跌后在某一位置得到支撑迅速回升，随后受阻滞涨形成回调整理，整理结束后再次向上突破关键压力线。

不过，金足底的压力线是长周期均线，而非颈线。并且在金足底的足尖形成时，激进的投资者就已经可以买进了，不过在长周期均线被突破后建仓会更安全一些。

这里的长周期均线，投资者可以根据自己的投资周期或操作策略自行选择。本节就选用比较适中的 60 日均线，来配合 K 线进行解析。

下面来看一个具体的案例。

实例分析

五粮液（000858）：金足底买入时机分析

五粮液股份有限公司是一家从事酒类产品经营、饮料管理、药品管理、水果种植、农业种植、进出口业务、物业管理、投资管理等业务的国资控股公司，也是经过权威认定的农业产业化国家重点龙头企业。在本书第 1 章 1.1.2 中解析龙头公司的品牌优势时，也对五粮液有过简单介绍。

本案例就以五粮液为例，为投资者分析金足底的应用方法。

图 4-8 为五粮液 2018 年 10 月至 2019 年 3 月的 K 线图。

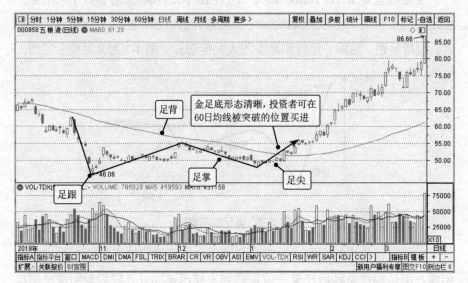

图 4-8　五粮液 2018 年 10 月至 2019 年 3 月的 K 线图

从图 4-8 中可以看到，2018 年 10 月，股价就已经跌到了 60 日均线之下，受其压制持续下行。10 月中下旬，股价小幅回升受压后加速下跌，很快在数日内就跌到了 46.00 元价位线附近，在此止跌后回升，来到了 50.00 元价位线上方横向运行。

11 月底，K 线大幅收阳后使得价格上涨并靠近了 60 日均线，不过后续也并未突破，股价在 60 日均线下方横盘数日后就回到了下跌之中。

2019 年 1 月初，股价小幅跌破 50.00 元价位线后开始缓慢上涨，并于 1 月中旬成功以一根大阳线向上突破了 60 日均线。此时，金足底的足跟、足掌、足尖和足背全部构筑完成，60 日均线也被突破，形态成立，投资者可以择机建仓买进了。

4.1.5　整理形态的突破

在第 3 章中关于止损技巧的部分，已经对下跌行情中的一些整理形态进行过介绍，其中一些在上涨行情中也是存在的，比如等腰三角形和矩形。

除此之外，上涨行情中的整理形态还有上升三角形、下降旗形和下降楔形，图 4-9 为上升三角形、下降旗形、下降楔形示意图。

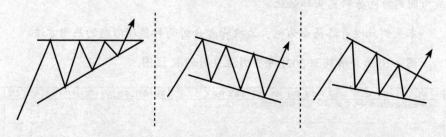

图 4-9　上升三角形（左）、下降旗形（中）和下降楔形（右）示意图

上升三角形就是下降三角形的技术形态翻转，股价在震荡过程中低点不断上移，但高点却被限制在某条压力线下横向运行，直到震荡区间逐步收窄，股价才会在某一时刻向上突破压力线，结束整理。

下降旗形则是股价在进行回调时，高点和低点都呈规律性的下移，分别将高点与高点、低点与低点相连，就能得到形似旗帜的平行四边形整理形态。

下降楔形的形成位置和原因与下降旗形一致，只是下降楔形的两条边线会逐渐收敛，形成楔子状的整理形态。

这三种整理形态常在上涨行情中出现，代表着股价的短暂整理，待到整理结束，形态的上边线就会在某一时刻被彻底突破，彻底突破的位置就是比较明确的买点，后续股价可能会进入快速拉升或新一轮上涨之中。

下面来看一个具体的案例。

实例分析

普洛药业（000739）：下降旗形与上升三角形买入时机分析

普洛药业股份有限公司是著名民营企业横店集团医药产业发展平台，经过三十多年的发展，公司已具备了良好的医药研发、制造能力，并形成了原料药、CDMO、制剂三大主营业务。

尤其是在原料药业务上，公司积累了大量的技术成果和人才资源，在中国原料药行业率先并持续在环保治理、技术改造、产品研发等方面进行大量投入。在成本、质量、EHS 及技术方面，普洛药业形成较强的竞争优势，已成为国内特色原料药头部企业。

本案例就以普洛药业为例，为投资者分析两种整理形态的应用方法。

图 4-10 为普洛药业 2021 年 3 月至 9 月的 K 线图。

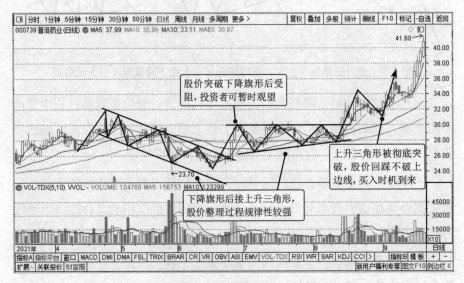

图 4-10 普洛药业 2021 年 3 月至 9 月的 K 线图

从图 4-10 中可以看到，在 2021 年 3 月及以前，普洛药业的股价正处于上涨之中，这一点从均线组合的积极上升状态也可以看出。

4 月下旬，该股在上涨至 32.00 元价位线附近后就受到压制，形成了回调走势。在后续近两个月的时间内，股价在反复的上下震荡中逐步下跌，由于震荡规律性较强，形成了下降旗形的整理形态。

6 月中旬，该股并未跌到下降旗形的下边线附近，而是在 24.00 元价位线上方就得到了支撑回升，并在数日后成功突破到了下降旗形的上边线之上，形成了积极的看多信号，许多投资者也抓住机会迅速建仓了。

不过再等待数日就会发现，该股的涨势并未彻底开启。6 月底，股价在 30.00 元价位线附近受压后回落，并再次形成了反复震荡的走势。但此次的震荡与前期有所区别，股价低点在不断上移，高点却始终受到 30.00 元价位线的压制，整体形成了上升三角形的形态。

在下降旗形后紧接着上升三角形，意味着市场拉升股价的难度和阻力较大，短时间内难以迅速开启上涨，不过也没有出现下跌迹象。因此，已经入场的投资者可以继续持有，未入场的投资者还应观望，等待变盘的到来。

8 月中旬，K 线收出一根大阳线后继续上行，成功突破了上升三角形上边线，并在后续的回踩试探中得到了上边线的支撑。这就是股价整理完毕，趋势继续向上的积极信号了，投资者此时就可以借机买进建仓。

4.2　特殊量价关系追涨龙头股

关于成交量与价格之间的关系，在第 3 章中已经有过简单介绍了，不过主要讲解的都是在股价高位形成的量价背离形态。而本节要介绍的是在拉升起始或上涨初期形成的积极量价形态，能够向投资者传递趋势向好的信息，帮助投资者抓住起涨点。

4.2.1　拉升起始的量增价涨

量增价涨是典型的量价配合形态，也是股价上涨过程中的主要推动形态。成交量的放大代表着市场交易活跃，买卖盘供需关系平衡，在双方的共同推动下，股价自然会不断创出新高。

量增价涨在上涨行情中随处可见，不过，投资者若能借助拉升起始位置的量增价涨买进建仓，就能够在一定程度上降低持仓成本，扩大收益。

而在个股形成拉升之前，价格可能正在回调，也可能长期处于下跌之中。前者的买进风险要低一些，毕竟上涨行情已经能够确定，投资者需要警惕的是不知何时到来的转势；后者的买进风险要高一些，因为下跌行情还未确定结束，股价可能只是在反弹，投资者在这种位置买进后一定要注意及时止盈止损，避免抢反弹被套，得不偿失。

下面来看一个具体的案例。

实例分析

红旗连锁（002697）：拉升起始的量增价涨买入时机分析

红旗连锁是"云平台大数据＋商品＋社区服务＋金融"的互联网＋现代科技连锁企业，公司充分利用大数据、云平台，实现数据分析可视化、移动化、动态智能化，不断满足消费升级的需求。截至2022年，红旗连锁已上线自助收银、24小时无人售货服务、人脸识别、掌静脉支付、IMP综合营销平台、APP和微商城等业务。

公司根植于四川成都，经过二十多年的发展，现已成为西南地区便利店零售的绝对龙头，市占率超过55%，拥有超过3 600家门店。

本案例就以红旗连锁为例，为投资者分析拉升起始的量增价涨应用方法。

图4-11为红旗连锁2019年9月至2020年4月的K线图。

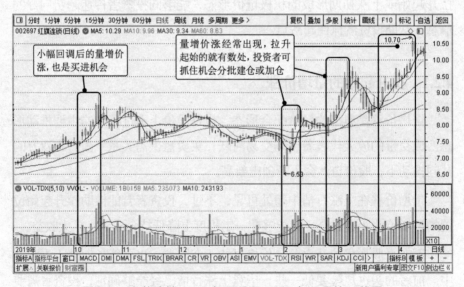

图4-11 红旗连锁2019年9月至2020年4月的K线图

在红旗连锁的这段涨势中，量增价涨的形态出现了很多次，不过比较明显的只有四处。

第一处在 2019 年 10 月中上旬，此前股价一直处于上涨状态，只是在 9 月底形成了一次幅度非常小且在 10 日均线上就得到支撑止跌的回调。回调结束后，成交量相应放大，股价也快速上升，投资者可以将其视作一个拉升起始的买点。

不过此次拉升并未持续太久，股价在 9.00 元价位线附近就受压回落，进入震荡整理之中。在后续长达三个多月的时间内，股价几乎一直被限制在 7.50 元到 8.50 元进行横盘震荡，成交量在此期间也逐步回缩。市场走势不明朗，投资者可暂时保持观望。

2020 年 1 月底，股价突然快速下跌，落到 6.50 元价位线上才止跌，后续又形成急速拉升，成交量同步放大，形成了量增价涨的形态。再加上此前股价有过下跌，此时的量增价涨就是一个比较好的买点。

从后续的走势可以看到，该股此次拉升到达 8.50 元价位线附近后依旧没能成功突破，进入回调之中。不过，在 2 月底，成交量与股价之间再次形成量增价涨的积极形态，成功推动价格突破到了横盘区间之上，比前期更强烈的买入信号形成，投资者可再次加仓。

在 3 月到 4 月初，股价经历一次回调后又形成了比较明显的量增价涨形态，不过量能的放大幅度不如前期，投资者买进后，一定要注意后续是否会出现上涨动能不足导致的深度回调或下跌，如果有，就要及时卖出。

4.2.2 整理后期的量增价平

量增价平指的是在成交量不断增长的过程中，股价却保持走平的形态。在第 3 章的表 3-1 中，对量增价平的形成原理和后续发展已经有过详细解释了，不过那是股价高位的量增价平。

在整理后期形成的量增价平，说明多空双方正在进行最后的角逐，随着量能的增长，股价越来越难以保持走平，很快便会短期内产生变盘。如果个股的上涨潜力还未耗尽，那么变盘的方向就会朝上，量增价平的形态大概率会演变为量增价涨，演变的节点就是买点。

　　当然，如果量增价平变盘后转入了下跌，就要进一步观察是股价的再次回调还是下跌行情的到来。此时投资者不着急入场，待到股价彻底止跌回升时再买进比较稳妥。如果股价不回升而直接下跌，那就不要参与了。

　　下面来看一个具体的案例。

实例分析

明阳智能（601615）：整理后期的量增价平买入时机分析

　　明阳智能是全球化清洁能源整体解决方案提供商，致力于能源的绿色、普惠和智慧化，主营业务包括新能源高端装备、兆瓦级风机及核心部件的开发设计、产品制造、运维服务、新能源投资运营等，涵盖风、光、储、氢等新能源开发运营与装备制造。

　　在 2022 年全球新能源企业 500 强中，明阳智能位居第十五位，并稳居全球海上风电创新排名第一位，该企业现已成为国内风机大型化的先行者。

　　本案例就以明阳智能为例，为投资者分析整理后期的量增价平应用方法。

　　图 4-12 为明阳智能 2020 年 4 月至 8 月的 K 线图。

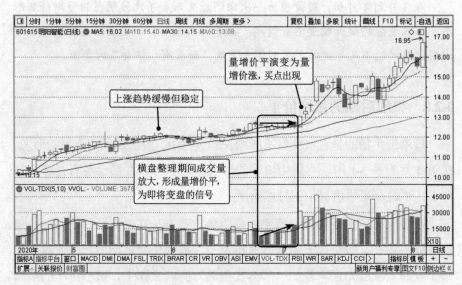

图 4-12　明阳智能 2020 年 4 月至 8 月的 K 线图

从图 4-12 中可以看到，明阳智能在 2020 年 4 月到 6 月都处于上涨过程中，只是上涨速度非常缓慢，其间还有多次横盘整理。不过好在 30 日均线的支撑力比较充足，股价大部分时间还是在稳定上涨的。

6 月底，该股在上涨至 13.00 元价位线附近后滞涨，进入了又一次横盘整理。但在此期间，成交量却在小幅回缩后持续放大，与走平的股价形成了背离，量增价平的形态出现了。

在前期的走势中，成交量长期处于波动状态，此时的放量也不甚明显，但结合股价的走平来看，二者发出的信号就不普通了。

通过前面的走势可以判断，明阳智能的整理阶段一般不会维持太久，尤其是在量能持续放大的过程中，变盘会来得更快。因此，投资者在发现量增价平形态后，就可以持续对其保持关注。

7 月初，成交量突然大幅放大，支撑 K 线收出实体较大的阳线，预示着此次横盘整理结束。从后续的走势也可以看到，自此以后股价就大大加快了上涨速度，量能也大幅扩张，更强势的上涨趋势开启，投资者可以抓住时机迅速建仓或加仓。

4.2.3　突破压力线时的巨量阳线

突破压力线是很多拉升趋势开启的标志，这里的压力线可以是前期股价的高点，也可以是整理形态的上边线，还可以是对 K 线形成压制的中长期均线。

但无论是何种压力线，只要个股在收阳突破的同时，成交量能够相较于前一天明显放大，形成巨量，股价的突破信号就能更加稳定，后市上涨的概率也更大。成交量柱越高，K 线收出的阳线实体越长，涨幅越大，投资者买进的成功率就越高。

如果在这根巨量阳线形成之后，个股能够持续上涨，或者在回踩后迅速进入拉升，投资者就可以顺势加仓，以期扩大收益。

下面来看一个具体的案例。

实例分析

恒力石化（600346）：突破压力线的巨量阳线买入时机分析

恒力石化是以炼油、石化、聚酯新材料和纺织全产业链发展的国际型企业。2022年，公司位列世界500强第七十五位、中国企业500强第二十四位、中国民营企业500强第三位、中国制造业企业500强第五位。

公司主营业务涵盖石油炼化、石化、芳烃、PTA、民用涤纶长丝、工业用涤纶长丝、工程塑料、聚酯薄膜和热电等产业领域，在国内市场具备较强的行业竞争力。截至2022年，恒力石化还是国内规模最大、技术最先进的民用涤纶长丝和工业用涤纶长丝制造商之一。

本案例就以恒力石化为例，为投资者分析巨量阳线的应用方法。

图4-13为恒力石化2020年7月至2021年1月的K线图。

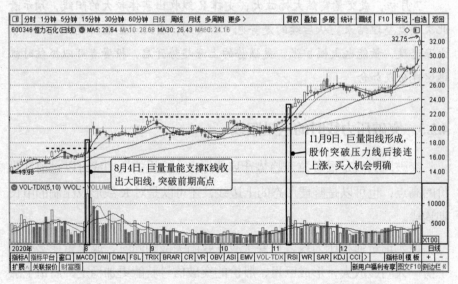

图4-13　恒力石化2020年7月至2021年1月的K线图

从图4-13中可以看到，恒力石化在较长的一段时间内都处于上涨趋势之中，在此期间也形成了数次大大小小的回调，也就存在数条压力线。

2020年7月下旬，该股上涨至18.00元价位线下方不远处后，受到压制形成了一次幅度不大的回调，数日后就在16.00元价位线的支撑下重新上涨。

8月4日，该股小幅高开后迅速高走，在经历了小幅回调后持续上扬，于下午时段开盘后不久上涨至涨停板。不过股价也没有被封板，而是在涨停板附近反复震荡开板，市场交易活跃度较高，最终股价小幅回落，以 9.30% 的涨幅收出一根大阳线。

观察当日的成交量也可以发现，当日量能相较于前日有了较大的提升，与 K 线配合形成了巨量阳线的形态。再加上 K 线当日收盘价已经高于前期高点，成功突破了压力线，巨量阳线的买入信号更为强烈，投资者可以借此建仓入场了。

继续来看后面的走势。在突破到压力线之上后，股价并未一次性上涨太多，而是在经历一系列震荡后被 22.00 元价位线阻碍，形成了一次时间较长的横盘整理。虽然成交量量能有所缩减，但股价并未产生下跌迹象，已经持股的投资者可以保持观望，不着急出手。

10月下旬，股价横向运行靠近了持续上移的 60 日均线，二者在接触后，60 日均线带动 K 线开始收阳上涨。

11月9日，K 线高开后高走，盘中创出 22.98 元的价格后横向震荡，最终以 8.25% 的涨幅收出一根大阳线。同日，成交量也出现了明显放量，二者形成巨量阳线，并成功突破了 22.00 元价位线的压制，再度为投资者创造了明确的买入机会。

从后续的走势也可以看到，该股在巨量阳线出现后接连收阳上涨，涨势迅猛且强劲，投资者的短期收益非常可观。

4.3　多指标形态抓住龙头起涨点

常用指标的特殊形态和变换的走势，能够在某些时刻帮助投资者窥探到龙头股起涨的征兆。比如 KDJ 指标、MACD 指标、DMI 指标的底背离，以及均线指标的特殊看涨形态，就是很好的买进信号，投资者如果能够熟练掌握，相信能够为操盘带来一定的助益。

4.3.1 KDJ 指标底背离形态

KDJ 指标的底背离与第 3 章讲过的顶背离技术形态相反，指的是在股价低点不断下移的同时，KDJ 指标低点提前转为向上移动的形态，具体形态从图 4-14 中能看得更清楚。

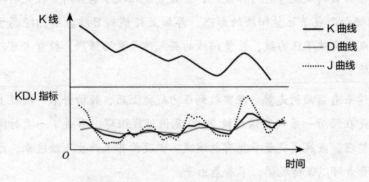

图 4-14 KDJ 指标底背离示意图

KDJ 指标的提前上移，意味着市场中的买方开始变得积极起来，买盘挂单增多，卖方对价格的压制力逐渐耗尽，直至某一时刻被买方彻底推翻，股价就会进入上涨之中。

一般来说，在下跌行情的末尾或深度回调的后期，KDJ 指标的底背离比较常见，释放的信号也很明确，即下跌趋势即将结束。

底背离形成时，由于股价还在下跌，投资者可暂时不着急买进，待到价格彻底转向，KDJ 指标也表现得更为积极后，再买进也不迟。毕竟 KDJ 指标敏感度较高，有时会出现错误信号。

下面来看一个具体的案例。

实例分析

皇马科技（603181）：KDJ 指标底背离买入时机分析

皇马科技专注特种表面活性剂研发和应用，拥有强劲的专业研发团队、高端科研仪器设备、1.7 万余平方米研发场地。截至 2022 年，公司拥有十七大板块，1 800 余种产品，具有年产近 30 万吨特种表面活性剂生产能力，是目前国内品种全、规模大、科技含量高的特种表面活性剂龙头引领企业。

本案例就以皇马科技为例，为投资者分析 KDJ 指标底背离的应用方法。

图 4-15 为皇马科技 2018 年 8 月至 2019 年 3 月的 K 线图。

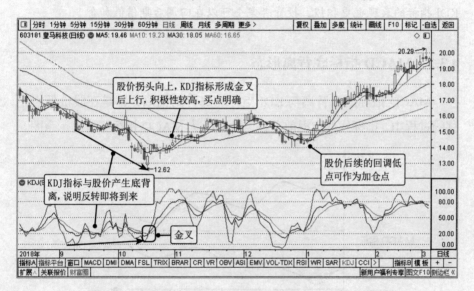

股价拐头向上，KDJ 指标形成金叉后上行，积极性较高，买点明确

股价后续的回调低点可作为加仓点

KDJ 指标与股价产生底背离，说明反转即将到来

金叉

图 4-15　皇马科技 2018 年 8 月到 2019 年 3 月的 K 线图

从图 4-15 中可以看到，皇马科技正处于下跌趋势向上转向的过程中。在 2018 年 8 月，股价和均线整体都处于下行状态，KDJ 指标也被带到了靠近 20 线的位置，但随着股价的小幅反弹，KDJ 指标上升到了 50 线附近。

进入 9 月后，股价依旧在下跌，KDJ 指标也很快从反弹中恢复过来，拐头下行，很快便来到了超卖区以内。在后续的一个月时间内，该股不断下跌，但 KDJ 指标的低点却出现了明显的上移，与股价产生了底背离。

尽管在进入 10 月后股价加速下跌，导致 KDJ 指标低点再度下移，但依旧没有跌破前期低点，整体还是处于底背离状态。这就意味着市场多方已经开始活跃起来了，股价有在近期转折回升的希望，投资者可对其保持关注。

10 月中旬，该股创出 12.62 元的新低后收阳向上，短暂整理后持续上扬。KDJ 指标也受到股价转折的影响，在超卖区附近形成一个金叉后积极上升，传递出了明确的看多信号，代表着上升趋势的到来。此时，一直保持观望的投资者就可以迅速建仓了。

在后续的走势中，股价一直上涨到 16.00 元价位线附近才受阻并回落，但低点在 14.00 元价位线上就得到了支撑。股价后续重新上涨的涨速更快，KDJ 指标的表现也更积极，投资者完全可以在回调后期借低加仓。

4.3.2　MACD 指标底背离形态

MACD 指标的底背离与 KDJ 指标的底背离相似，都是在股价低点下移的过程中，指标线低点提前上扬，图 4-16 为 MACD 指标底背离示意图。

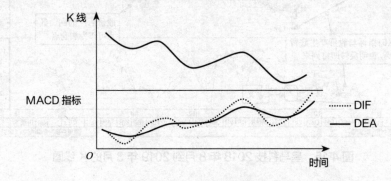

图 4-16　MACD 指标底背离示意图

MACD 指标只有两条指标线，投资者在观察其底背离形态时，需要重点关注 DIF。如果 DIF 与股价产生某些方向的背离，就说明市场风向已经产生变化，股价趋势近期可能会出现拐点。

MACD 指标的买进时机与 KDJ 指标类似，都是在股价正式进入上涨之后。如果 MACD 指标能在股价回升的同时形成黄金交叉，看涨的信号就会更加有效，投资者买进也更有底气。

下面来看一个具体的案例。

实例分析
云天化（600096）：MACD 指标底背离买入时机分析

云天化是全球优秀的磷肥、氨肥、共聚甲醛制造商，主营肥料及现代农业、磷矿采选及磷化工、精细化工、商贸物流等业务。

截至 2022 年，云天化受益于云南省自然资源丰富的地理区位优势，拥有磷矿石储量八亿吨左右，储量位居国内首位。同年，公司排名中国石油和化工企业 500 强"独立生产经营"类榜单第十八位，是全国国有重点企业管理标杆企业，也是国内磷化工领域的龙头企业。

本案例就以云天化为例，为投资者分析 MACD 指标底背离的应用方法。

图 4-17 为云天化 2021 年 12 月至 2022 年 4 月的 K 线图。

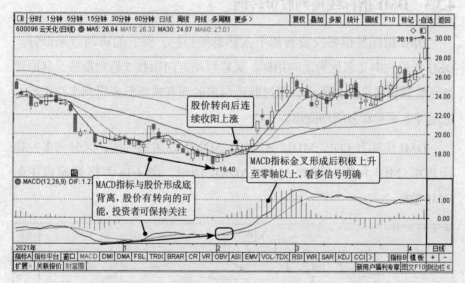

图 4-17 云天化 2021 年 12 月至 2022 年 4 月的 K 线图

云天化在 2021 年 12 月到 2022 年 1 月都处于下跌状态，MACD 指标受其影响长时间运行于零轴以下，代表着市场中空方占优。

不过，在 2022 年 1 月底股价低点不断下移的同时，MACD 指标中的 DIF 线却表现出了缓慢上升的趋势，并且在 1 月底股价创出 16.40 元的新低时也没有下降太多，形成了明显的底背离形态。

在下跌过程中形成的 MACD 指标底背离，无疑是股价可能即将转向的信号。此时，激进的投资者已经可以试探着建仓了，但谨慎的投资者还是建议再观察一段时间。

在创出新低后，K线连续收阳上涨，很快便突破到了20.00元价位线以上，越到后期，股价涨速越快。再看MACD指标会发现，就在股价止跌回升的同时，DIF线上穿DEA线，形成黄金交叉后纷纷上行，在股价突破20.00元价位线后运行至零轴以上，进入了多方市场。

这就说明当前市场中的买盘占优，积极推涨的力度较大，谨慎的投资者此时也可以建仓入场了。

4.3.3 DMI指标线预判股价转向

DMI指标是很多投资者都不太熟悉的指标，但它的研判效果很好。DMI指标的中文名称为动向指标，又称移动方向指数或趋向指数，其原理是在股票价格涨跌过程中，通过股价创出的新高或新低来研判多空力量，进而寻求买卖双方的均衡点。

DMI指标有PDI、MDI、ADX及ADXR四条指标线，又分为多空指标PDI、MDI和趋向指标ADX、ADXR两组，图4-18为指标窗口中的DMI指标。

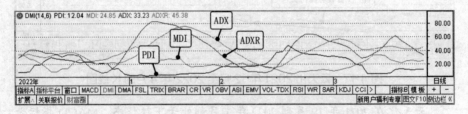

图4-18 指标窗口中的DMI指标

一般来说，多空指标可以利用交叉形态作为买卖信号，趋向指标则主要应用于判别股价的走势或方向。其中，ADX是一条比较关键的研判线，也是投资者在观察DMI指标线走势变化时的重点研究对象。

先来解释ADX的运行与股价之间的关系。当ADX持续高于上一高点时，市场行情将维持原趋势。也就是说，在上升行情中，股价会保持上涨，ADX的升高为看涨信号；在下降行情中，股价会保持下跌，ADX的升高为看跌信号。

当 ADX 的高点从上升转为下降时，表明行情即将脱离原有趋势。原本在上涨的股价会转而下跌，而原本在下跌的股价，就会转入上涨之中。

那么，DMI 指标线预判股价转向的方法就很明确了，投资者主要观察的就是 ADX 的高点，看它何时出现下移，ADX 高点下移后股价是否转为了上涨。在确定上涨趋势后，ADX 高点将继续向上攀升，此时投资者就可以追涨买进了。

下面来看一个具体的案例。

实例分析

伯特利（603596）：DMI 指标转向买入时机分析

伯特利是一家专业从事汽车安全系统和高级驾驶辅助系统相关产品研发、制造与销售的国家级高新技术企业。公司具备汽车智能驾驶、汽车电子电控、制动系统、底盘轻量化、转向系统的自主开发与制造能力。

在制动系统方面，伯特利是全球第二家一体式 EPB（电子驻车制动系统）量产企业。2021 年，公司在中国市场乘用车前装 EPB 供应商搭载上险量高达 132.42 万辆，市占率位列全球第四、国产供应商中第一，是国内制动系统龙头企业。

本案例就以伯特利为例，为投资者分析 DMI 指标线如何预判股价走向。

图 4-19 为伯特利 2022 年 3 月至 8 月的 K 线图。

从伯特利的这段走势中可以看到，在 2022 年 3 月，股价的下跌趋势还是非常明显的，DMI 指标中的 ADX 也表现出了高点上移的走势，说明市场正按照原有趋势运行，也就是持续下跌。

不过，在 4 月中旬该股接触到 50.00 元价位线后，就止跌了，后续在该价位线上方震荡，创出 47.83 元的新低后拐头向上，有转入上涨的迹象。

此时来观察 DMI 指标，可以发现在股价拐头向上之后不久，ADX 的高点明显下移，与股价转势的走势配合起来，发出了转势的信号。那么，投资者就可以在 ADX 低点下移的位置买进建仓。

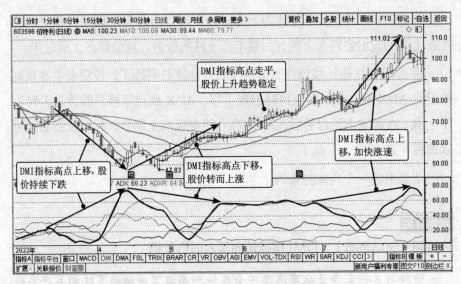

图 4-19　伯特利 2022 年 3 月至 8 月的 K 线图

　　继续来看后面的走势。该股在上涨到 70.00 元价位线后受阻，回到 65.00 元价位线附近横盘整理。直到 6 月初，K 线收出一根大阳线后持续上行，才成功突破压力线，进入新的上涨之中。

　　同一时期，ADX 并未表现出明显的上升或下降趋势，而是整体走平，说明该股的上涨过程稍显震荡，不过趋势还算稳定。这一点从股价的走势中也可以看出，投资者可在此期间适当加仓。

　　6 月底，该股在 90.00 元价位线附近受阻后回调，下跌幅度相较前期较大，使得 DMI 指标变化比较明显，ADX 很快下行，代表着股价背离原有趋势的回调下跌。

　　不过很快，股价在 30 日均线上得到支撑后再次收阳回升，回归上涨轨道之中。而 DMI 指标中的 ADX 也迅速上升，并且高点超过了前期，是股价继续上涨的有力证明，投资者可继续适量加仓。

4.3.4　均线指标金蜘蛛形态

　　通过前面内容的学习，相信投资者对于均线指标已经有所了解了，也知道在一般情况下，人们使用的大多都是由多条均线组合而成的均线系统，比如本书常用的 5 日均线、10 日均线、30 日均线和 60 日均线的组合。当然，投资者可以根据自身需要和个股特性进行适当调整。

本节要介绍的金蜘蛛形态，就是均线组合受到股价上涨的影响，从向下或横向聚合转为向上发散时，三条及以上的均线同时向上交叉于一点形成的，形似长腿蜘蛛，由于其释放的是看多信号，因此被称为金蜘蛛。

金蜘蛛形态不太常见，但一旦出现，积极信号就会很明显，尤其是在上涨初期形成时，投资者建仓会更有把握，同时建仓成本也不会太高。

下面来看一个具体的案例。

实例分析

比亚迪（002594）：均线金蜘蛛形态买入时机分析

在第 1 章介绍有关总市值排名靠前的龙头股内容中，已经详细介绍过比亚迪在汽车整车细分行业、新能源汽车自主产业龙头地位了。

本案例就以比亚迪为例，为投资者分析均线金蜘蛛形态的应用方法。

图 4-20 为比亚迪 2018 年 7 月至 11 月的 K 线图。

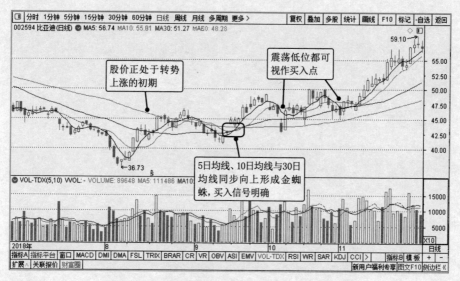

图 4-20 比亚迪 2018 年 7 月至 11 月的 K 线图

从图 4-21 中可以看到，比亚迪正处于行情转势的过程中。2018 年 7 月，无论是均线还是 K 线都处于下跌趋势之中，并且跌势比较沉重。

8 月初，该股创出 36.73 元的新低后迅速拐头上升，带动 5 日均线和 10 日均线率先转向上行，30 日均线和 60 日均线则逐步减缓下跌角度。8 月下旬，该股上涨至 45.00 元价位线以上后受阻回调，使得 5 日均线和 10 日均线跟随下行，与 30 日均线和 60 日均线产生交叉。

9 月上旬，股价跌至 40.00 元价位线以上后止跌回升，并且上涨速度较快，5 日均线和 10 日均线立即转向，正好与 30 日均线交叉于同一点，形成了金蜘蛛的形态，传递出股价继续上涨的积极信号。

此时，30 日均线已经转向，60 日均线也几乎已经走平，待到股价再上涨一段时日就能彻底转向。多重积极信号的刺激下，投资者就可以在此相对低位迅速买进建仓了。

在后续的走势中，股价的上涨出现了一定程度的震荡，但 60 日均线的支撑力显然很充足，每次 K 线跌到 60 日均线附近形成的低点，就可以作为投资者的买入点或加仓点。

第5章

趋势定龙身：分析行情走向

在龙头股运行的过程中，"龙身"可能会上下游走，也可能会直直上行。确定"龙身"走向和趋势，对于投资者的追涨、止损等操作来说非常关键。那么本章就针对龙头股的"龙身"趋势，向投资者展示确定方法及预判"龙身"转向的技巧。

5.1 趋势线寻找龙身弯折处

趋势线是股市中十分常用的趋势性指标之一，它对于股票涨跌趋势的确定和转折位置的预判非常高效，但相应的，它对投资者的能力也要求较高。因为它不像普通技术指标一样可以直接使用，投资者需要根据趋势的变动情况自行绘制趋势线，并根据价格的异常变动进行适当的调整。

因此，投资者需要学习的就是如何绘制趋势线，以及如何正确地修正趋势线。

5.1.1 趋势线与趋势通道的绘制

趋势线主要分为上升趋势线和下降趋势线，分别形成于上涨行情和下跌行情之中。而趋势通道则是在趋势线的基础上绘制出平行线，与原趋势线共同形成的一个限制股价涨跌的通道，图 5-1 为上升趋势通道与下降趋势通道示意图。

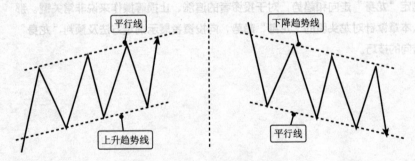

图 5-1   上升趋势通道（左）与下降趋势通道（右）示意图

从图 5-1 中可以看到，上升趋势线是股价低点规律上移时，连接低点形成的一条倾斜向上的支撑线，以对应的高点为依据绘制出上升趋势线的平行线，就能构成一条上升趋势通道。

下降趋势线则正相反，是股价的高点在规律下行时，连接形成的倾斜向下的压力线，以对应的低点为依据绘制出下降趋势线的平行线，构筑出的就是下降趋势通道。

一般来说，当两个低点或高点出现后，投资者就可以试着绘制趋势通道了，但在第三个低点或高点没有落在相应趋势线上时，趋势通道的有效性就依旧有待验证。一旦验证成功，投资者就可以利用趋势通道，根据个股在趋势通道中的波动情况及受到的支撑和压制，来分析和寻找合适的买卖时机。

当然，个股不可能一直维持在趋势通道内运行，偶尔的跌破或突破都是很正常的。如果个股变化幅度较大，投资者就可以斟酌着适当调整趋势线的角度，让其适应个股新的运行趋势，不过修正后的趋势线也要经过验证，使用起来才会更加安全。

修正的方法很简单，投资者通过图示就能明白，图 5-2 为上升趋势通道的修正示意图。

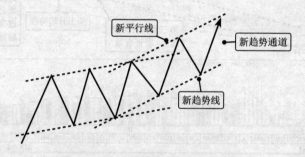

图 5-2　上升趋势通道的修正示意图

这是股价低点落在高于原上升趋势线时的修正方法，如果股价低点落在低于原上升趋势线的位置，只要没有跌破上一个低点，投资者依旧可以尝试修正。但如果后续股价低点持续下移，那就要考虑这波上涨趋势是不是已经结束了。

下降趋势通道的修正也是一样的道理，如果股价高点低于原下降趋势线，或者高于原下降趋势线但低于前一个高点，都可以进行修正。

不过，一定要注意后续对新趋势线有效性的验证。验证确定之前投资者可以使用，但一定要谨慎，待到验证完成后就可以进一步操作。

下面来看一个具体的案例。

科士达（002518）：上升趋势线的绘制和修正解析

科士达主营业务主要包括数据中心及新能源两大板块，常年保持国内UPS（不间断电源）领先地位，是国内数据中心行业及电力电子行业双龙头。

本案例就以科士达为例，详细介绍上升趋势线的绘制和修正。

图5-3为科士达2022年4月至8月的K线图。

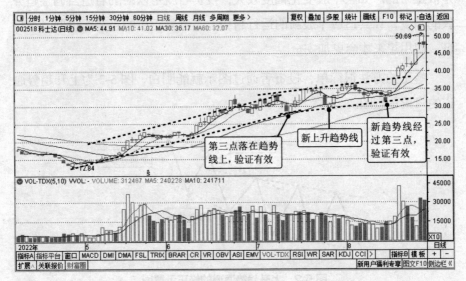

图5-3　科士达2022年4月到8月的K线图

从图5-3中可以看到，科士达在2022年4月底创出12.84元的近期新低后，就开始连续收阳上涨。刚开始的涨速还比较缓慢，但随着成交量量能的不断放大，K线收阳幅度加大，很快便带动股价来到了22.50元价位线附近。

该股在此价位线上受阻后形成了横盘整理，一段时间后于6月上旬重新上涨，形成了一个低点。将该低点与4月底的低点相连，就能得出一条待验证的上升趋势线，依据5月下旬受阻的高点作平行线，待验证的上升趋势通道也构筑出来了，此时需要等待第三个低点的到来。

6月下旬，该股在跃过30.00元价位线后形成小幅震荡，最终还是在35.00元价位线的压制下回落，低点刚好在上升趋势线上得到支撑，验证了该趋势线和趋势通道的有效性。

但 7 月中旬的另一个低点却没有落在已验证有效的上升趋势线上，而是在稍低的位置停留。此时投资者就可以考虑修正趋势线，将前一个点与该点相连，作出新的上升趋势线。

7 月底，股价回落到 30.00 元价位线上方后止跌，低点落在了新的上升趋势线附近，再次确认了其有效性。此时，原有的上升趋势线和上升趋势通道就可以作废，投资者可利用新的上升趋势线进行分析。

5.1.2　上升趋势线稳定后追涨

上升趋势线是否稳定，至少要等到趋势线被验证有效后才能确定。但有些时候个股的上涨趋势变动频繁，上升趋势通道总是会被小幅跌破或突破，投资者修正起来也很麻烦。

因此，只要股价的上涨走势没有大幅偏离上升趋势线，低点落在上升趋势线相近的位置即可，不必追求绝对的精准。有些时候投资者甚至还可以忽略一些震荡幅度较小的低点，不将其当作上升趋势线的参考点。

这样一来，上升趋势线的精确度无疑会降低一些，但对投资者来说会轻松很多。只要股价的上涨趋势确定，上升趋势线没有被彻底跌破，投资者就可以一直持有或进行波段操作。

下面来看一个具体的案例。

实例分析

埃斯顿（002747）：上升趋势线稳定后追涨解析

埃斯顿以机床数控系统起家，历时十年布局工业机器人全产业链，覆盖了包括自动化核心部件及运动控制系统、工业机器人及机器人集成应用的智能制造系统的全产业链。尤其是工业机器人产品线，在公司自主核心部件的支撑下得到超高速发展，在新能源、焊接、金属加工、3C 电子、工程机械、航天航空等细分行业拥有头部客户和较大市场份额。

公司通过持续多年研发高投入不断开发新产品和新技术，构建了从技术、质量、成本、服务到品牌的全方位竞争优势，现已成为国产工业机器人龙头。

本案例就以埃斯顿为例，详细介绍上升趋势线稳定后如何追涨。

图 5-4 为埃斯顿 2020 年 6 月至 2021 年 3 月的 K 线图。

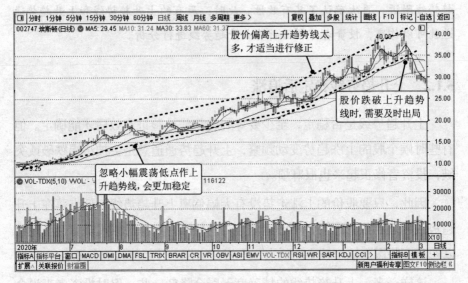

图 5-4　埃斯顿 2020 年 6 月至 2021 年 3 月的 K 线图

从图 5-4 中可以看到，埃斯顿的股价从 2020 年 6 月开始就已经出现上涨迹象了，尽管初始上升时涨速较慢，但投资者可以对其保持关注，准备在合适的位置绘制上升趋势线。

进入 7 月后，该股涨速明显加快，一直呈波浪式上升至 20.00 元价位线附近才止涨回调，于 8 月底形成了一个比较明显的低点。

而在此之前，该股其实已经有过数个低点，但如果投资者借助这些低点来绘制上升趋势线，会发现需要经常调整角度，还不如等待一个明显一点的低点，绘制一条稳定性较好的上升趋势线。

8 月底的低点就可以作为尝试的目标，投资者将该低点与 6 月的低点相连，得出上升趋势线后再作平行线，绘制出上升趋势通道，等待验证。

9 月初，该股再次上穿 20.00 元价位线失败后回落，落点正好在上升趋势线附近，确定了上升趋势线和趋势通道的有效性。此时，投资者就可以将这条上升趋势线投入使用了，趁着股价又一次回调的时机建仓。

在后续的数月时间内，该股几乎一直被限制在上升趋势通道内运行，低点有时落在趋势线上，有时又略高于趋势线，但整体的上涨走势是确定的，投资者完全可以在其中追涨加仓。

这样的稳定状态一直持续到 12 月，该股突然大幅收阳上涨，突破了上升趋势通道的上边线，并且后续的低点也向上大幅偏离上升趋势线。这时，原有上升趋势通道无法再限制住该股，投资者就可以考虑修正了。

从 K 线图中可以看到，修正后的上升趋势通道更加贴合涨速加快后的个股，股价也暂时没有产生下跌迹象，投资者可继续持有。

2021 年 2 月中旬，股价创出 40.00 元的新高后回落，但在靠近新的上升趋势线时没有止跌回升，而是一路将其跌破后持续下行。显然，这样的快速下跌意味着行情彻底脱离了上涨，投资者最好及早止盈撤离，将收益落袋。

5.1.3　上升趋势线修正失败后撤离

上升趋势线在修正后，是需要通过验证才可以使用的。但在有些时候，投资者绘制出了新的上升趋势线后，下一个低点却直接跌破了待验证的上升趋势线，甚至跌落到了前期低点下方。

这就说明上升趋势线的修正失败了，后续股价可能会转入深度回调，也可能直接进入下跌行情之中。前者带来的风险会小一些，只要股价不彻底跌破投资者的止损线，就还有获益机会；后者就不一样了，熊市一旦到来，短时间内转势是相当困难的，只要止损线被跌破，投资者就要立刻出局，不能惜售。

不过，在实际操作中，很少有投资者能够精确判断出股价的下跌到底是深度回调还是行情转势。因此，把握不准的投资者最好还是及时止盈出局，如果是中长线投资者，则要紧盯自己的止损线，根据止损线是否被跌破来决定是否该出局。

下面来看一个具体的案例。

实例分析

安科瑞（300286）：上升趋势线修正失败后撤离解析

安科瑞是一家集研发、生产、销售于一体的，为企业提供能效管理和用电安全解决方案的高科技股份制企业。公司在产品、销售、研发、生产四维度领先于企业微电网市场，是国内微电网龙头之一。

本案例就以安科瑞为例，详细介绍上升趋势线修正失败后的及时撤离。

图5-5为安科瑞2022年5月至2023年2月的K线图。

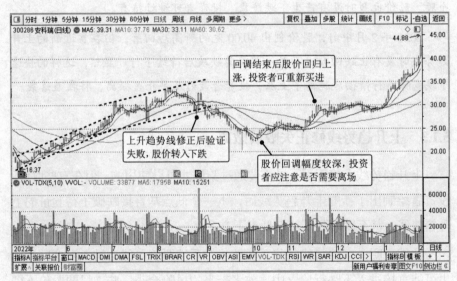

图5-5　安科瑞2022年5月至2023年2月的K线图

从安科瑞的这段走势中可以看到，在2022年5月之前，股价还处于下跌之中，这一点从均线组合的下行表现中也可以看出。直到创出16.37元的近期新低后，安科瑞才止跌回升，进入上涨之中。

在长达两个月的时间内，安科瑞的股价几乎全程呈波浪形上涨，涨势十分稳定。投资者根据最先出现的两个低点绘制的上升趋势线很快就能得到验证，再加上均线组合的逐步转向，投资者就可以趁机建仓买进了。

进入 7 月后，该股上涨速度有所加快，但在 7 月下旬形成的低点却明显低于上升趋势线。于是，投资者对其进行修正，结合前一个低点绘制出了新的上升趋势线，等待验证。

8 月上旬，该股在上升趋势通道上边线处受阻后回落，一路跌到了待验证的新上升趋势线附近止跌后收阳。此次收阳看似验证了新上升趋势线的有效性，但只要再观察几个交易日就会发现，K 线很快继续下跌，并直接跌破了该趋势线，运行到更低的位置。

很显然，此次对上升趋势线的修正失败了，股价涨速的减缓是即将进入下跌的表现。谨慎的投资者在股价跌破新上升趋势线后就已经出局了，但某些高度看好安科瑞后市表现的投资者，依旧希望等待一段时间。

从后续的走势可以看到，该股此次下跌幅度确实比较大，已经带动中长期均线都拐头向下形成压制了。直到 9 月底，股价下行至 20.00 元价位线上方不远处后才有了止跌的迹象，而这个价格已经跌破了许多投资者的止损线，那么这部分投资者只能遗憾离场。

10 月初，安科瑞的走势有了明显转机，K 线开始连续收阳上涨，在数次回调后继续拉升，表现出了较强的看多信号。此时，已经离场的投资者就可以重新买进，而坚持持有到现在的投资者也可以选择加仓。

5.1.4　下降趋势线的套利时机

下降趋势线需要在下跌行情中绘制，并且基点是股价反弹的高点。当趋势转向，上升趋势线失效后，投资者就要及时转变思路，该止盈止损的就要尽快离场，如果不小心被套，或是想要抢反弹，就可以着手开始绘制下降趋势线，准备解套或盈利。

下降趋势线的具体绘制过程已经在前面详细介绍过了，关于下降趋势线的修正相信投资者也比较清楚，这里不再赘述。

在下降趋势线和下降趋势通道中，被套的投资者应重点关注股价上涨至下降趋势线上的高点，以便借高解套。抢反弹的投资者则高低点都应关注，下降趋势通道下边线附近的买进时机和下降趋势线上的卖出时机，都需要投资者细致观察和分析。

下面来看一个具体的案例。

实例分析

完美世界（002624）：下降趋势线的套利时机解析

完美世界是全球领先的文化娱乐产业集团，涵盖影视、游戏、电竞、院线、动画、教育、全知识、万词王和88邮箱等业务板块。

完美世界是A股中少有的具有端游、主机、手游全覆盖研发能力的企业，研发能力一直处于行业领先水平，且公司还在持续加大研发投入，2019年研发支出达到18.00亿元，规模远高同行业可比公司。强研发加多平台覆盖，奠定了完美世界在A股上市公司中的头部游戏研发商地位。

本案例就以完美世界为例，详细介绍下降趋势线的套利时机。

图5-6为完美世界2020年6月至2021年2月的K线图。

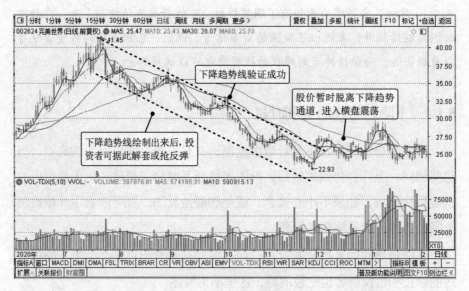

图5-6　完美世界2020年6月至2021年2月的K线图

从图 5-6 中可以看到，完美世界的股价在 2020 年 7 月中旬之前还在持续上涨，直到创出 41.45 元的新高后，才转而进入下跌之中。

股价初始的跌速非常快，并且第一次的反弹幅度不大，很快便回归下跌之中。8 月初，股价在 34.00 元价位线附近止跌后横盘了一段时间，随后开始反弹，高点接近了 38.00 元价位线。

以此高点和前期创出的新高为基点，就能绘制出一条待验证的下降趋势线，以第一次止跌的低点为基准作平行线，得到待验证的下降趋势通道。由于下降趋势线还未得到验证，抢反弹的投资者还需要谨慎观望，而急于解套的投资者已经可以先行借高出货了。

在后续的走势中，该股一路跌到 31.00 元价位线附近才止跌，并在后续形成反弹，高点在接触到下降趋势线后就拐头向下，下降趋势通道验证成功，预示着抢反弹的投资者可以准备入场，或者可以准备加大买进力度了。

10 月中旬，股价跌至 26.00 元价位线附近，也是下降趋势通道下边线附近后止跌，形成回升走势，投资者可以在此试探性地买进。11 月初，该股小幅上涨至下降趋势线附近后受阻下跌，投资者抓住时机借高出货，就能收取这段短期涨幅。

其后的操作方式与此次相同，只是 12 月初时，该股小幅突破到了下降趋势线之上，形成了横盘震荡走势。期间投资者也可以抢反弹，但在失去了下降趋势通道的指引后，操盘就需要更加谨慎。

5.1.5　下降趋势线被突破

下降趋势线被突破，意味着股价短时间内跌势暂缓，后续可能会进入如上一节案例那样的横盘震荡之中，也可能会形成强势反弹，还可能演变为新的上涨行情。

也就是说，如果下降趋势线能够被彻底突破，随之而来的就是投资者的买进机会，只是获益空间会根据情况的不同而有所不同。

不过需要注意的是，如果股价只是短暂突破到下降趋势线上方，不久之后就回归下跌，就不能算作彻底突破。因此，投资者在发现下降趋势线被突破后最好再观察一段时间，确认趋势线彻底失效后再尝试买进。

下面直接来看一个具体的案例。

实例分析

双环传动（002472）：下降趋势线被突破的买进时机

双环传动专注于机械传动核心部件——齿轮及其组件的研发、制造与销售，是全球最大的专业齿轮产品制造商和服务商之一。公司产品涵盖乘用车、商用车、新能源汽车、轨道交通、非道路机械、工业机器人、民生齿轮和能源设备等多个领域，业务遍布全球。

凭借高性能高铁齿轮，双环传动成为采埃孚高铁齿轮全球唯一战略供应商，同时完成工业机器人关节创新研发并向产业化转型，成为国产机器人市场第一品牌，新能源汽车齿轮覆盖中国一半市场，行业龙头地位持续强化。

本案例就以双环传动为例，详细介绍下降趋势线被突破的买进时机。

图5-7为双环传动2021年11月至2022年8月的K线图。

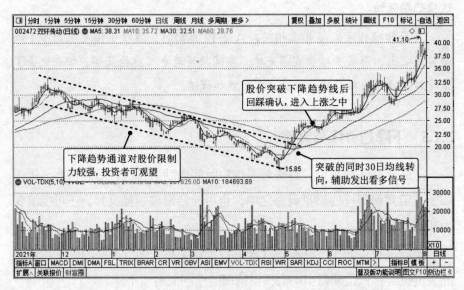

图5-7 双环传动2021年11月至2022年8月的K线图

从图 5-7 中可以看到，双环传动在 2021 年 11 月及以前还处于上涨行情之中，均线组合承托在 K 线之下同步上行。11 月下旬，该股在 32.50 元价位线附近受阻后进入下跌之中，中长期均线逐步转向。

在后续近 5 个月的时间里，该股呈波浪形下跌，投资者可以很容易地在其中绘制出下降趋势线和下降趋势通道。从股价的走势中也可以看出，下降趋势通道对价格的限制力还是比较强的，该股在下跌期间的反弹幅度都不算大，短线投资者可以适当参与，中长线投资者以观望为佳。

2022 年 4 月底，股价跌至 15.85 元的位置后再次反弹，收阳向上靠近下降趋势线。不过此次 K 线收阳的幅度明显较大，数日之后，该股就向上突破了下降趋势线，一路上涨至 25.00 元价位线附近才止涨，在小幅回踩后确认了其支撑力，随后继续收阳上升。

而就在股价突破下降趋势线后不久，30 日均线也发生了转向，同时 60 日均线走平，意味着市场支撑力开始逐步强化，并随着股价的上涨而不断提升。此时，投资者就能够确定新的上升趋势的来临，进而在下降趋势线被突破后回踩的位置买进建仓，抓住后续涨幅。

5.2 均线形态确定龙头股趋势稳定性

均线不仅能互相交叉排列形成各种形态，比如金蜘蛛、多头排列等，也能与 K 线一起共同形成组合形态，比如逐浪上升、上山爬坡等。

其中某些形态通常形成于个股的单边行情之中，若投资者能够在行情转向后通过这些形态来确定涨跌趋势的稳定性，就可以在不同的行情中找到获益的机会，进而扩大收益。

5.2.1 逐浪上升

逐浪上升常形成于上涨单边行情之中，在这段时间内，股价呈波浪形层层上推，中长期均线承托在下方起关键支撑作用，短期均线则跟随股价上下波动，不断形成交叉，也在不断向上移动，规律性较强，图 5-8 为逐浪上升示意图。

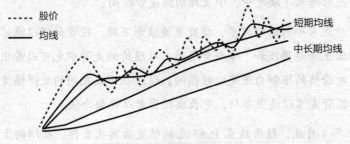

图 5-8　逐浪上升示意图

　　在逐浪上升的过程中，股价波动的幅度有大有小，但只要上不过分拉升，下不彻底跌破中长期均线，形态就可以一直延续下去。如果在某些时刻股价跌破了其中一条中长期均线，但在下一条中长期均线上得到了支撑，形态也不会被破坏，并且该低点还是一个比较好的买点。

　　一般来说，逐浪上升的持续时间不会太短，有时候延续至半年也是可能的。因此，当明显的浪形出现，并且上升趋势确定时，投资者就可以择机在股价回调至中长期均线附近时分批次建仓买进。

　　不过需要注意，当中长期均线被彻底跌破，也就是股价带动短期均线向下穿越中长期均线后回抽不过时，中长期均线的支撑作用就会转为压制作用，这时的行情就可能发生了转向，或是进入深度回调之中。谨慎的投资者可以先行卖出，避开下跌；依旧看好后市的投资者可以继续持有，但要注意遵循止损原则。

　　下面来看一个具体的案例。

实例分析
阳煤化工（600691）：逐浪上升形态分析

　　阳煤化工是多业联产的多元化发展煤化工行业龙头，产品链丰富，主要业务包括化工、化肥等产品的生产和销售，主要产品有尿素、甲醇、液氨、聚氯乙烯、烧碱、正丁醇、辛醇和复合肥等。

除此之外，公司还积极布局在氢能产业领域的合作、开发、市场培育，通过和氢能领域龙头企业的合资、合作，独立研发等模式，在公司现有丰富的原料氢气的基础上，实现在氢气的提纯、加氢站的建设方面的规模优势，打造公司新的利润增长点，进一步巩固龙头地位。

本案例就以阳煤化工为例，详细解析逐浪上升形态。

图 5-9 为阳煤化工 2020 年 10 月至 2021 年 8 月的 K 线图。

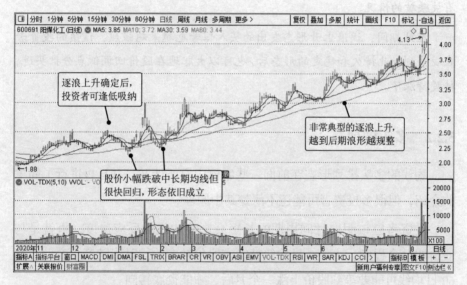

图 5-9　阳煤化工 2020 年 10 月至 2021 年 8 月的 K 线图

从图 5-9 中可以看到，在 2020 年 11 月之前，该股还处于缓步下跌的状态，导致均线组合覆盖在 K 线之上形成压制。10 月底，阳煤化工的股价创出 1.88 元的阶段新低后止跌回升，很快于 11 月初突破到了均线组合之上，并在后续带动均线组合向上转向。

12 月初，股价在 2.50 元价位线附近受阻后回落，低点在小幅跌破 30 日均线后就继续回升了。不过下一个高点同样未能成功突破到 2.50 元价位线之上，回调的低点则小幅跌破了 60 日均线，但也很快回归了。

此时，30 日均线和 60 日均线都已彻底向上转向，该股也形成了两次波浪形的上涨，逐浪上升形态初具雏形，激进的投资者可以在回调低点试探性地买进建仓。

从后续的走势可以看到，该股在第一次小幅跌破 60 日均线后，回升的速度很快，直接向上突破到了 3.00 元价位线附近，但在此受阻后依旧只能回调整理，低点落在 60 日均线之下不远处，很快便回到其上方继续运行。

随着逐浪上升形态的愈发明显，建仓入场的投资者也越来越多了，股价上升的动力也越来越足。在阳煤化工后续的发展过程中，股价的浪形越来越清晰，上升趋势也越来越稳定，两条中长期均线几乎呈斜线上行，其间很少有被跌破的情况。

在此期间，逐浪上升形态发出的买入信号也越来越强烈，谨慎的投资者在观察到如此持久和稳定的形态后，也可以大胆地在股价回调低点分批买进，持股待涨了。

5.2.2　多头排列

均线的多头排列形态在前面一些案例中有所涉及，并且也进行了简单的介绍，但很多投资者可能还不清楚其中原理。

投资者应该明白时间周期的长短会影响均线的反应速度，也就是与股价的贴合程度。比如 5 日均线就能在股价转向的同时跟随产生变动，而 60 日均线可能要等到股价上涨一个月后，才能彻底转向。

原因很简单，因为均线本质上是由个股每日的收盘价平均计算而来。5 日均线的计算基期短，计算数据少，一个变化幅度较大的新数据介入其中，就会对 5 日均线产生较大的影响；而 60 日均线的计算基期较长，计算数据也非常多，就算股价当日涨停，单个新数据的介入也很难对整条均线产生较大影响，60 日均线依旧会沿着原有趋势运行。

因此，当股价转为上涨时，5 日均线和 10 日均线会率先跟随转向，运行至 30 日均线和 60 日均线之上。随着价格的不断上扬，30 日均线和 60 日均线也会逐渐转向，但 30 日均线转向速度会略快，最终就会形成 5 日均线、10 日均线、30 日均线和 60 日均线自上而下整齐排列的形态。若均线之间没有产生交叉，就可以认定为多头排列，图 5-10 为多头排列示意图。

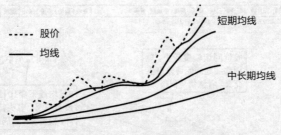

图 5-10 多头排列示意图

多头排列形态主要关注的是均线组合之间是否按序排列，是否产生交叉。只要均线之间没有形成交叉，排序也没有变化，无论股价产生何种变动多头排列的形态就一直存在。

当然，多头排列形成过程中股价也不能产生太大的变化，因为短期均线敏感度太高，只要股价回调的幅度稍大，就会造成短期均线之间形成交叉，破坏多头排列的形态。因此，多头排列形态延续得越久，股价上涨的速度可能就越快，或者越稳定，投资者完全可以借机追涨。

下面来看一个具体的案例。

实例分析

舍得酒业（600702）：均线多头排列形态分析

舍得酒业是"中国名酒"企业和川酒"六朵金花"之一，也是白酒行业第三家全国质量奖获得者和第三家上市公司，主营粮食收购，白酒、其他酒（配制酒）及纯净水的生产、销售。

舍得酒业是中国驰名商标之一，"沱牌"和"舍得"的双品牌价值位列中国白酒行业第三。在生态酿酒领域，舍得坐拥生态酿酒核心地带，历经数十年时间打造万亩生态酿酒工业园，构建了从农田到餐桌的全生态酿酒产业链，领跑于行业前沿。

本案例就以舍得酒业为例，详细解析多头排列形态。

图 5-11 为舍得酒业 2021 年 2 月至 7 月的 K 线图。

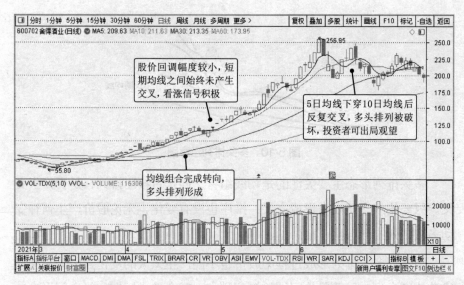

图 5-11　舍得酒业 2021 年 2 月至 7 月的 K 线图

从图 5-11 中可以看到，舍得酒业正处于上涨单边行情之中，上涨的初始位置在 2021 年 3 月初。在此之前，股价正经历了一波回调，K 线落到了均线组合之下，直到 3 月初创出 55.80 元的阶段新低后，才在此止跌回升。

股价刚开始的上涨速度并不快，在靠近中长期均线时还横盘了一段时间，才继续向上突破了均线组合。随着均线压力的消散，股价上涨的速度越来越快，很快便带动 5 日均线和 10 日均线来到了中长期均线之上，并在后续逐步扭转 30 日均线和 60 日均线，最终形成多头排列的走势。形态确定后，投资者买进的机会就到来了。

在建仓后，投资者依旧需要关注股价走向及注意形态被破坏的可能性。4 月下旬，该股上涨至 125.00 元价位线下方后受阻回调，K 线小幅跌破了 10 日均线，但很快便止跌回升至上方，没有让 5 日均线与 10 日均线产生交叉，多头排列形态依旧稳定，投资者可继续持有或适当加仓。

在后续的走势中，股价出现了数次回调，但回调幅度都非常小，均线组合之间始终没有形成交叉，多头排列的形态一直在延续，股价上涨的速度也越来越快，为投资者带来了丰厚的收益。

但在 6 月初时，该股创出 256.95 元的新高后回调幅度明显加大，K 线直接跌落到了 10 日均线下方，使得 5 日均线下穿 10 日均线，破坏了多头排列的形态，并且后续股价回升的高度也没有超过前期高点。

这就说明，该股后续可能会进行一波深度回调整理，也可能直接就转向了下跌行情。但无论是哪种情况，对于投资者来说都不是乐观的，谨慎的投资者应当在多头排列被破坏的同时就兑利出局；惜售的投资者若发现股价长时间无法继续上涨，最好也出局观望，降低时间成本。

5.2.3　加速上涨

加速上涨指的是在股价上涨过程中，受突发利好消息或其他因素影响，导致价格明显加快上涨速度，带动原本处于上行状态的均线组合再次发散，图 5-12 为加速上涨示意图。

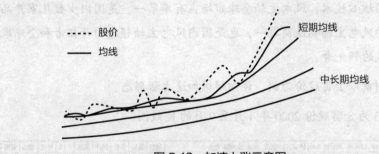

图 5-12　加速上涨示意图

注意，加速上涨与一般的股价下跌后回升的走势不同，股价在明显抬高之前就已经开始上涨了，高点或低点持续上移，均线组合整体朝向上方。当加速上涨形成后，所有的均线都会相应加大上扬的倾角，并且短期均线与中长期均线之间的距离会拉大，扩散状态明显。

在上涨行情中，加速上涨形态的形成无疑是市场积极性极高的表现，短时间内多方上攻，能够为投资者带来快速扩张的收益。如果投资者已经在前期建仓，那么加速上涨的位置就是很好的加仓点，没有建仓的投资者也可以借助加速上涨买进。

不过，该形态持续的时间可能不会太久，毕竟短期爆发是有时限的。待到这一波拉升结束，股价可能会在短期获利盘的巨大抛压影响下形成一次深度回调。如果此次拉升是主力借高出货的手段，那么加速上涨结束后，行情还有转向熊市的可能。

因此，加速上涨虽好，但投资者也不可惜售，牢记止盈止损原则，才能相对安全地赚取收益。

下面来看一个具体的案例。

实例分析

金雷股份（300443）：加速上涨形态分析

金雷股份以生产风机主轴及各类大型铸、锻件为主，产品广泛应用于风电、水电、火电、矿山、冶金、石化、船舶和模具等多种行业领域。

尤其在风电领域，金雷股份十余年来坚持深耕，已全面掌握风电主轴生产各环节的核心技术，风电主轴全球市场占有率第一，是国内少数几家产品出口欧美的风电主轴制造商之一，也是国内风电主轴领域的开拓者和全球风电主轴领域的领先者。

本案例就以金雷股份为例，详细解析加速上涨形态。

图 5-13 为金雷股份 2020 年 4 月至 9 月的 K 线图。

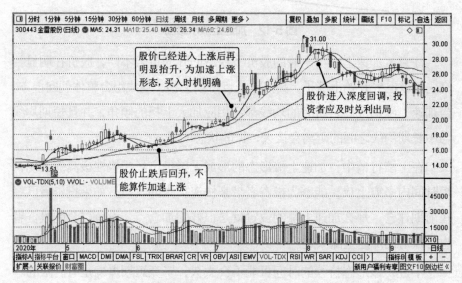

图 5-13　金雷股份 2020 年 4 月至 9 月的 K 线图

从图 5-13 中可以看到，金雷股份从 2020 年 4 月下旬开始，由横盘整理转入了上涨行情之中，第一波拉升就将价格带到了 18.00 元价位线附近，在此受阻后回落至 30 日均线附近，得到支撑后继续上升。

5 月中旬，该股上涨至接近 20.00 元价位线的位置时难以突破，一段时间后回调，低点落在了 30 日均线附近，随后缓慢上扬。

此时的均线组合全都已经转向上方，并且随着股价上升速度的加快，短期均线逐步与中长期均线拉开距离，向上发散。不过需要注意，这并不是加速上涨的形态，仅仅是股价下跌整理后的常规上扬，虽然不如加速上涨形态的买入信号强烈，但也可以作为投资者的建仓点。

6 月中旬，股价来到 20.00 元价位线附近后依旧受阻小幅回落，但数日后在 10 日均线的支撑下继续回升，并成功突破了该压力线的压制。就在 20.00 元的压力线被突破后，K 线突然连续大幅收阳上涨，短短数日内就将价格带到了 24.00 元价位线附近。

与此同时，四条均线全部向上加大了上扬角度，短期均线明显与中长期均线拉开距离，形成了典型的加速上涨形态。反应快的投资者在股价突破压力线后快速上涨的同时就建仓或加仓了；谨慎一些的投资者在看到股价短时间内如此快速的涨势后，也可以迅速跟随买进。

从股价的走势可以看到，从 20.00 元左右上涨至 26.00 元价位线以上，只用了一周左右的时间，涨幅却达到了近 30%，收益可观，由此可见加速上涨带来的积极回报。

5.2.4　上山爬坡

上山爬坡指的是在单边上涨行情中，短期均线、中长期均线和股价一同向上稳定攀升的形态。无须浪形，也无须规律，只要均线组合与 K 线之间形成向上的配合就可以。

其实简单来说，上山爬坡就是逐浪上升的简化版看多形态，对股价的涨跌幅度和变化速度等都没有太多要求，只需要整体上移，图 5-14 为上山爬坡示意图。

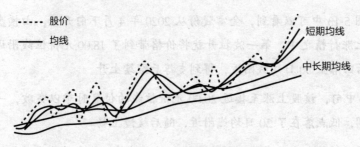

图 5-14　上山爬坡示意图

　　上山爬坡属于看多形态，是上涨行情延续的证明，但买入信号不如前面几种形态强烈，它主打的是趋势的稳定。许多龙头股常年维持的牛市中，上山爬坡形态就占据了一大部分。

　　上山爬坡的坡度越缓，行情就越稳定，上升趋势也延续得越久，只要中长期均线不被彻底跌破，投资者就可以一直持有，直到变盘到来。

　　下面来看一个具体的案例。

实例分析

重庆啤酒（600132）：上山爬坡形态分析

　　重庆啤酒是中国国内为数不多的上市啤酒公司之一，在 2013 年被嘉士伯（全球第三大啤酒公司）收购后，整合嘉士伯多个资产（新疆乌苏、昆明华狮啤酒、天目湖啤酒、大理啤酒和西夏嘉酿等），从一家区域型啤酒公司成长为全国性啤酒企业。

　　此后，重庆啤酒拥有了更为强大的"本地强势品牌＋国际高端品牌"的品牌组合，实现了以五大业务单元为基础的全国布局，在重庆、新疆、宁夏等拥有绝对啤酒龙头地位。

　　本案例就以重庆啤酒为例，详细解析上山爬坡形态。

　　图 5-15 为重庆啤酒 2020 年 2 月至 2021 年 3 月的 K 线图。

　　从图 5-15 中可以看到，2020 年 3 月，重庆啤酒的股价还在 50.00 元价位线附近横盘整理，均线组合也聚合在一起走平。3 月底，该股跌落到 40.00 元价位线附近后止跌回升，开启了新一波上涨。

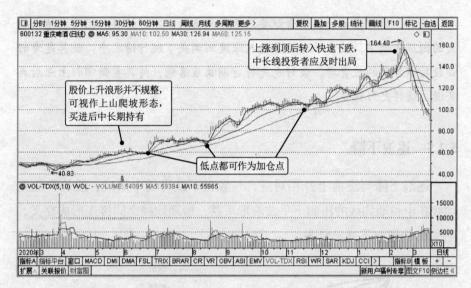

图 5-15　重庆啤酒 2020 年 2 月至 2021 年 3 月的 K 线图

从后续的走势可以看到，此次股价回升直接穿越均线组合，来到了 60.00 元价位线附近后才受阻回落，低点在 30 日均线上得到支撑，随后继续向上运行。

此时，四条均线都已完成转向，股价也有继续上扬的趋势，但上升规律性不强，没有明显浪形，比较符合上山爬坡的形态。而上山爬坡又具有稳定性较强的特点，中长线投资者可以择机建仓，随后一直持有。

继续来看后面的走势。自从两条中长期均线对股价形成支撑后，该股很少再有跌破中长期均线的情况，而是长时间保持在其上方运行。随着时间的流逝，上山爬坡的形态愈发稳固，股价的涨幅也越来越高，投资者的信心也越来越足，每一个股价回调的位置都可以作为加仓点。

不过，随着股价位置的不断抬高，投资者也要注意警惕反转的到来。设置了浮动止盈策略的投资者还好，没有提前安排止盈止损策略的投资者，最好多多观察盘面，防止突兀下跌的到来。

2021 年 2 月上旬，股价创出 164.40 元的新高后，迅速转入了下跌之中，短短数日内就接连跌破了整个均线组合，带动短期均线运行到中长期均线之下，受其压制后难以抬头。

此时，紧盯盘面的投资者就要迅速兑利离场，不可惜售。因为在越来越大的抛压压制下，股价很可能会进入深度回调或下跌行情之中。就算是看好该股后市发展的投资者，最好也先将前期收益落袋，待其重新回归上涨后再买进，这样更为稳妥。

5.2.5 逐浪下降

逐浪下降与逐浪上升相对应，一般在下跌行情中形成，股价和短期均线在中长期均线的压制下呈波浪形下跌，短期均线之间接连形成交叉，图 5-16 为逐浪下降示意图。

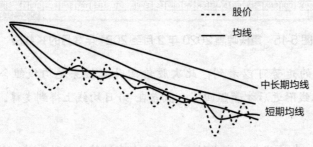

图 5-16　逐浪下降示意图

逐浪下降是延续性较强的看跌形态，当所有均线都完成向下的转向后，个股就很难在短时间内突破其压制。也就是说，在逐浪下降期间，股价的反弹高度大概率会受到中长期均线的限制，无法为投资者提供更大的获益空间。因此，抢反弹的投资者要保持慎重，而需要解套的投资者最好在靠近顶部的位置尽快卖出。

下面来看一个具体的案例。

实例分析

玲珑轮胎（601966）：逐浪下降形态分析

玲珑轮胎是一家专业化、规模化的轮胎生产企业，公司产品广泛应用于乘用车、商用车、工程机械车辆等。

玲珑轮胎在研发方面实力强劲，拥有国家级工业设计中心、国家认定企业技术中心、国家认可实验室。截至2020年底，公司参与制定和修改了112项国家及行业标准，承担了10余项国家级创新课题，累计授权专利930项，专利保有量居中国轮胎企业前列。

公司在国内轮胎行业处于领先地位，连续多年入围世界轮胎二十强，中国轮胎前五强，产品畅销全球180多个国家和地区，成功配套通用汽车、福特汽车、大众汽车、吉利汽车和中国重汽等60多家世界知名车企。

本案例就以玲珑轮胎为例，详细解析逐浪下降形态。

图5-17为玲珑轮胎2021年3月至9月的K线图。

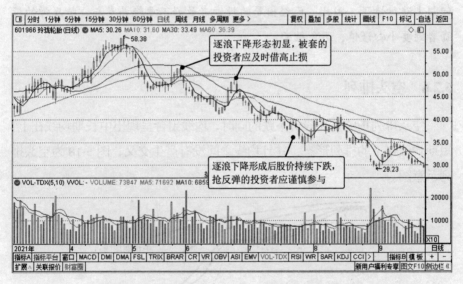

图5-17 玲珑轮胎2021年3月至9月的K线图

在玲珑轮胎的这段走势中，4月是一个关键的转折月，因为在4月底之前，该股还在中长期均线的支撑下稳步上涨，但直到4月底，玲珑轮胎的股价创出58.38元的新高后，就转入了下跌行情之中。

当然，身处其中的投资者可能并不能在第一时间确定行情是否发生了转变，但从K线连续收阴跌破中长期均线的走势来看，至少短时间内的下跌能肯定。那么待到5月初股价在45.00元价位线上方止跌反弹时，该止盈的投资者就要止盈，该止损的投资者更应该及时借高出货。

5月底，股价在已经转向的30日均线处受压回落，很快便跌破了45.00元价位线，来到更低的位置。6月中旬，该股在40.00元价位线以上不远处止跌后再次反弹，幅度较大，但依旧被转向后的60日均线压制住，拐头回到下跌之中。

此时，30日均线和60日均线都已经完成了转向，并且接连对反弹的股价形成了限制，逐浪下降的形态初显，此时还未离场的投资者要抓紧时间了。

在后续的走势中，该股形成了多次反弹，但几乎都在30日均线附近就被压制向下了，都没有上涨到60日均线附近，更别说突破均线组合的压制回归上涨行情了。因此，已经出局的投资者最好不要轻易参与，抢反弹的投资者则要小心谨慎，避免被套。

5.2.6 空头排列

空头排列指的是在股价下跌的同时，均线组合呈现出中长期均线在上、短期均线在下的排列形态，并且均线之间没有产生交叉，图5-18为空头排列示意图。

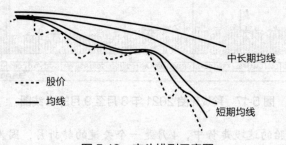

图5-18 空头排列示意图

经过前面对多头排列的原理解析后，相信投资者也不难理解空头排列形态了。只要空头排列的形态不被破坏，也就是均线之间不产生交叉，股价的跌势就会一直延续，跌速还可能越来越快。

这样的形态比逐浪下降还要极端，因为它不会出现明显的、可供投资者抢反弹或是解套的反弹，K线几乎是一路收阴下跌，其间最多出现横盘整理，即便有反弹，幅度也极小。

不过，如果股价在某一时段内形成了一次幅度稍大的反弹，很快又回归下跌，导致短期均线之间产生了短暂的交叉，但只要后续的空头排列形态能够延续，此次反弹就不能作为积极信号看待，投资者依旧不能轻易入场。

下面来看一个具体的案例。

实例分析

三诺生物（300298）：均线空头排列形态分析

三诺生物致力于生物传感技术的创新，针对慢性疾病患者和医疗健康专业人员研发、生产和销售一系列快速诊断检测产品。2021 年，三诺生物在传统血糖监测领域国内市场份额超过 50%，是国内血糖监测领域的龙头企业。

在 2016 年并购 Trividia Health Inc（位于美国的全球化健康与保健公司）后，三诺生物逐渐成为世界知名血糖仪品牌，具有规模化生产、品牌吸引力强、渠道覆盖范围广的特点，龙头企业竞争优势明显。

本案例就以三诺生物为例，详细解析空头排列形态。

图 5-19 为三诺生物 2021 年 12 月至 2022 年 5 月的 K 线图。

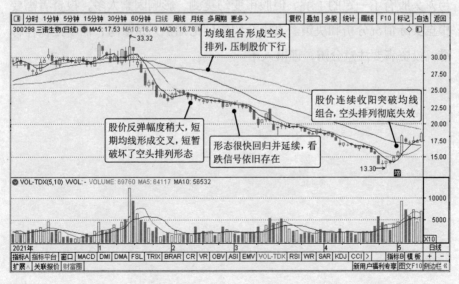

图 5-19　三诺生物 2021 年 12 月至 2022 年 5 月的 K 线图

从图 5-19 中可以看到，三诺生物在 2021 年 12 月之前还处于上涨之中，只是股价在 30.00 元价位线上受阻后就减缓了上涨速度，一路缓慢攀升至 33.32 元的位置后，才拐头快速下跌。

这一次下跌的速度较快，股价在短短数日内就跌破了两条中长期均线，并带动这两条均线很快向下转向，覆盖在 K 线和短期均线之上，形成了空头排列形态。

不过，就在空头排列形成后不久，该股的一次幅度稍大的反弹导致两条短期均线之间形成了交叉，破坏了空头排列。但在此之后不久，股价继续向下运行，5 日均线与 10 日均线脱离开来，空头排列再现。

由于此次空头排列形态被打断的时间太短，股价反弹的幅度也太小，完全不能对目前的颓势有任何帮助。因此，场内投资者最好及时出局，场外投资者短时间内也不要参与。

空头排列的形态一直延续到 2022 年 4 月底，才在股价大幅回升的冲击下彻底失效。K 线连续收阳上涨，成功突破到了中长期均线之上，说明后续即将迎来一波幅度较大的上涨，希望抢反弹的投资者此时就可以入场了。

经过众多理论和案例的学习，相信投资者对如何挖掘龙头股、如何参与龙头股有了一定的了解。但股市变幻莫测，影响因素太多，投资者需要根据实际情况分析和决策。书中介绍的理论知识只是参考，而不是操作标准，投资者要注意分辨，谨慎入市。